广播电视与新媒体技术融合研究

金　晶◎著

北京工业大学出版社

图书在版编目（CIP）数据

广播电视与新媒体技术融合研究 / 金晶著. — 北京：北京工业大学出版社，2024.1重印
ISBN 978-7-5639-7047-6

Ⅰ. ①广… Ⅱ. ①金… Ⅲ. ①广播电视－传播媒介－研究 Ⅳ. ①G220

中国版本图书馆 CIP 数据核字（2019）第 237840 号

广播电视与新媒体技术融合研究

著　　者：金　晶
责任编辑：邓梅菡
封面设计：点墨轩阁
出版发行：北京工业大学出版社
（北京市朝阳区平乐园 100 号　邮编：100124）
010-67391722（传真）　bgdcbs@sina.com
经销单位：全国各地新华书店
承印单位：三河市元兴印务有限公司
开　　本：710 毫米 ×1000 毫米　1/16
印　　张：9.75
字　　数：195 千字
版　　次：2021 年 10 月第 1 版
印　　次：2024 年 1 月第 3 次印刷
标准书号：ISBN 978-7-5639-7047-6
定　　价：45.00 元

前 言

人类社会正处在一个数字化时代、互联网时代、媒体融合时代，技术变革正在潜移默化地改变着人们的媒体使用习惯、娱乐休闲方式以及社交方式等。对于广播电视来说，这些新的技术似乎意味着四面楚歌，或者是一次涅槃重生的机会。在当前阶段，深入研究传统电视、新兴媒体、媒体融合等概念以及与之相关的技术发展、市场格局、竞争态势、发展趋势等，具有非常现实和深远的意义。

广播电视对于技术的倚重和其他行业一样，技术创新和突破能给整个行业带来跨越式的发展。技术对于广播电视的影响集中在采制、编辑、播出、分发、收看等几个环节，即使微小的技术革新也会带来整个行业的大变革。从本质上来讲，新媒体的出现是技术发展的必然结果，也是每一种媒体形态必须经历的一个阶段。新媒体不仅给传统电视带来了竞争，还带来了机遇。当然，传统广播电视必须要善加利用新媒体，尤其要在管理理念、内容制作、节目分发、播出终端、人才培养等方面加大与新媒体的融合，只有这样才能把握机遇，实现自身的发展与突破。传统广播电视和新媒体之间博弈与融合发展的结果催生了新的传媒环境和市场格局，与此同时，传统电视台以及电视运营商的经营理念、运营模式都在发生较大变化。

目前，新兴媒体（新媒体）、媒介融合（媒体融合）、互联网（移动互联网）、移动智能终端等概念炙手可热，也是众多学者、业者孜孜研究的对象，他们有着不同的研究方式、研究框架和理论范式，这自然会产生迥异的研究结论，各显神通，各表其美。本书首先从媒体发展历史的视角来探讨新兴媒体与电视之间的关系，深入解读了新兴媒体、互联网电视、社交媒体等的概念及其对电视发展的影响，着重分析了新媒体带给传统电视的挑战和机遇，以及两者融合发展的背景与前景。然后系统研究了融合背景下电视的内涵以及新的对外传播策略、战略。通过本书，读者可以对新媒体和电视的关系有较为全面的了解，对电视发展前景会有更为深入的认识。最后基于媒体技术和产业研究的视角，本书又探讨了新媒体技术对传统电视的影响，以及传统电视与新媒体之间的融合。另外需要说明的是，本书在研究传统电视发展态势、新媒体发展、传统电视和新媒体之间的博弈与融合时，主要从电视产业而非电视节目内容制作的角度出发，探讨理念、管理、规制等宏观层面的问题。

本书是笔者结合自身媒体从业经历以及学术研究背景对新媒体发展及其对广播电视影响的思考，囿于专业背景和研究水平，本书难免存在诸多不足，请读者不吝赐教，以期改进提高。

目　录

第一章　广播电视的现状与发展

第一节　广播电视行业的现状与问题

进入“全媒体时代”，媒介环境发生了天翻地覆的变化，逐渐走向全球化、集团化、市场化和专业化。各个媒介的受众被分流，媒介市场日趋多元化，竞争也进入白热化阶段。自从1958年北京电视台成立以来，电视媒介的发展蒸蒸日上，电视台数量逐年递增，随着卫星技术和互联网技术的发展，各大电视台都通过上星覆盖全国。如今全国省、市、地级及有线电视台已经有数千个，电视媒体自身的竞争十分激烈。而在“全媒体时代”，传统媒体的生存变得更加艰难，作为传统媒体曾经的佼佼者——电视媒体正面临着空前的挑战。我国各上星卫视已经开始实行大刀阔斧的改革，以中央电视台为代表，早已挥动起改革的旗帜。如中央电视台创办的中国网络电视台，央视所有节目都能在上面观看，甚至可以看直播节目。又如PPS网络电视台，很多卫视都与其合作，能在其上收看到电视节目。电视媒体和网络媒体的互动合作已经进入白热化阶段。

消费时代，不仅仅物品过剩，信息也出现了爆炸式的过剩，信息的数量和质量都在满足受众不断扩张的需求。一方面受众有了更多更广的选择权，另一方面受众有了更充分的自主权与参与权。网络的出现创造出了自媒体，受众可以选择想看的信息并发表言论。在如此之多的新媒体可供选择之后，电视台受到了前所未有的“挤压”。

由于广播电视行业的单位性质以事业单位为特点，政治属性是其第一属性，它既是党和政府的宣传喉舌，又是公益性文化事业，也具有经营性文化产业的性质。因此相对于放置于市场的媒体其体制不灵活，人员流动性低，资金有限。原本在媒体中就不占优势的广播电视行业在当下的全媒体时代，更是面临着“内忧外患”，其生存现状不容乐观。

一、广播电视行业生存发展的外部挑战

“全媒体时代”最大的特点在于，媒介形态逐渐走向便携化与个性化。而这些特点正是传统电视媒体的短板和弱项，因此给电视媒体带来了极大的挑战。作为传统媒体的电视，相对于新媒体其弱势在于：一是稍纵即逝性，媒体内容不可保存；二是不可移动性；三是被动接受性，受众在传播当下只能被动接受，受众无法即时参与其中。“全媒体时代”意味着媒体形式的多元化，媒体形式也具有新的特点，有报纸、电视、广播等传统媒体不具备的便利性。“2011 年下半年，长虹电视依托调查机构进行的调查结果显示，目前北京地区 100 部电视开机率为 38%，而 3 年前则是 75%，如果就电视用户而言，其流失率接近一半。”

由于资金限制、地域限制、人才短缺等问题，在“全媒体时代”到来之前，广播电视行业已经开始走下坡路，有些缺乏创新意识的电视台甚至可以说在苟延残喘，勉强生存。受众从之前的不得不看转变为现在的可看可不看，广播电视行业在近十年间渐渐淡出人们的生活，如果广播电视行业不做出相应的变革，它的存活期将是个大问题，业界已经有人提出——广播电视行业是否有存在的必要。

著名传播学者麦克卢汉提出过一个经典理论——“媒介是人体的延伸”，即指传播媒介通过对人感官中枢的影响，进而影响整个心灵与社会，媒介就是人的身体和精神的延伸。电视是人眼的延伸，广播是耳朵的延伸，媒介本身就是信息的一部分，媒介即万物，万物即媒介。“媒介即讯息”，这一理论充分说明了媒介发展对于信息传递的影响力。过去人们只是认为，媒介只是承载信息的载体，对于信息内容不会产生影响，但是随着科学技术的发展，媒介形式由单一走向多元，更加便捷化、个性化、互动化、即时化，因此受众也走向自媒体时代，每个人都是一个发言人，受众的言论自由逐渐最大化。这其中影响最大甚至在某种程度上改变了人们生活方式的，当属互联网与手机媒体。随着媒介形态的丰富，也衍生出了许多与时俱进的软件平台，它们为受众提供个体化的服务，给予受众多种更优选择。

（一）互联网媒体逐步走向主流

互联网作为全球性的新兴媒体，其地位逐渐超越传统媒体，从“第四媒体”走向主流。由于互联网具有资源共享、容量无限、实时交互、个性化、超越时空、公平性等特点，随着互联网的不断普及，人们生活节奏的加快，人们很难在固定时间固定地点收看电视，因此网络成为十分便捷的选择，受

众可以随时随地点播想看的任何内容，互联网已成为信息传播最为高效的途径。

被称为第四媒体的互联网正在逐渐实现角色的转换，逐步走向主流。而且网络视频为了满足受众的需求，也在不断地完善和改进，从之前相对滞后的以点播为主，发展为时效性极强的即时上传和直播。

而对于原本就处于弱势的广播电视行业来说，互联网带来的冲击是有过之而无不及。后者的出现直接导致地市电视台的有限的市场被分割，互联网给了受众更广阔的选择余地，可以接收到全球的各类信息。

（二）移动互联网的冲击

移动互联网的快速发展给地市电视台带来了极大的冲击。其最大的特点和优势在于使用便携、时效性强、娱乐性强等，这些恰恰是电视台无法满足受众的地方。如今受众可以通过手机软件收看电视媒体，可以即时收看也可以收看往期的节目，弥补了电视的转瞬即逝不可保存性以及不可移动性。统计数据显示，中国将成为世界上首个手机用户数量超 9 亿的国家，而全球手机用户的数量也将突破 50 亿。这样的数字也显示了手机媒体逐渐成为与传统媒体并列的主流媒体走入人们的生活，成为人们信息获取必备的媒介。尤其苹果手机的出现更是开启了智能手机的新的里程碑，3.5 寸的超大屏幕几乎占据整个机身，各种软件的开发实现了体验便捷化。手机视频的技术也同步得到升级，人们能够随时随地地看自己想看的视频。

（三）受众接收信息的渠道拓宽

在媒体发展的初期，即新媒体没有出现之前，地市电视台拥有相对多的优势和受众。但是地市电视台存在一个致命的传播缺陷，即传统媒体传播信息的方式是单一的、线性的，受众只能接受而没有足够的反馈空间。而且信息量受地域和载体的限制，受众的选择范围相对狭窄。在以互联网为代表的新媒体出现之后，对地市电视台形成了巨大的冲击。受众没有了时空限制，没有了选择限制，拥有了前所未有的选择权和表达权。因此，受众拥有更宽广的选择范围，逐渐将选择的天平倾向有更多自主权的新媒体，传统媒体的受众逐渐被分流。曾经的广播、报纸、电视三足鼎立的局面不复存在，除了三大传统媒体之外，互联网、手机、户外媒体等已经成为人们生活中不可缺少的一部分，受众接收信息的渠道实现了多样化。这就意味着传统媒体与新媒体将平等竞争，不会再出现某一媒体垄断市场的局面。被称为“第五媒体”的手机媒体逐渐成为人们生活中必不可少的事物，由于手机具有便携性、自主性、移动性，以及传播信息的即时性、互动性等特性，它能满足人们对于媒体科技的各种需求。

（四）广告资源被瓜分

对于广播电视行业来说，其最重要的收入主要来自广告投资，尤其是实行“事业单位企业化管理”之后，政府财政拨款可以说杯水车薪，电视台的生存将完全依靠自身的经营收入。在地市电视台发展的初期，新兴媒体没有雨后春笋般出现之前，地市电视台的广告效益很好，受众的忠诚收看程度助推了广告的成效。然而新兴媒体的出现打破了广告分配的格局，电视台的广告蛋糕逐渐被互联网、手机、户外媒体等众多媒体瓜分。地市电视台由于覆盖面小，相应也缺乏足够的影响力，因此更难吸引广告商的眼球。目前，多数地市电视台依然沿用传统的管理和经营方式，并没有完全实现企业化，没有形成科学有效的激励约束制度、内部管理体制等。

全球第一大广告集团奥姆尼康旗下的天联广告公司也发表了一项报告，认为当今的消费者更愿意选择没有电视的生活，而不能没有手机或电脑。15个国家近3000位消费者在回答“最想拥有的无线设备是什么？”这一问题，45%的人选择家用电脑，31%的人选择手机，只有12%的人选择了电视。在中国，这样的比例更是达到了61%、30%和4%。由此该公司做出了大胆的预测：手机和其他无线通信设备即将成为广告客户们首选的投放媒体。新媒体方面凤凰网可谓是国内的佼佼者，其主要定位受众是精英群体，所以有很大的市场空间。

二、广播电视行业的内部矛盾

马克思唯物辩证法中提道，看问题要用矛盾分析法，其中事物的内部矛盾是事物发展的内因，事物的外部矛盾是事物发展的外因。内因是事物发展的根据，是第一位的原因。外因是事物发展的条件，是第二位的原因。因此，正确认识内部矛盾并且找到解决的方法才是发展的根本。广播电视行业一直都存在着一些固有的问题，如体制腐朽落后，缺乏活力，人员素质不高等。地市电视台是当地重要的新闻媒体，是党和政府的喉舌，是重要的宣传思想文化的阵地，但同时要求具有经营性质，这两种身份很难实现天衣无缝的融合。因此，地市电视台的发展遇到了瓶颈。

（一）缺乏与全媒体合作的意识

广播电视行业虽然开办时间久远，但是作为传统媒体其传播方式和手段依然停留在保守的圈子中。在网络媒体、手机媒体等新兴媒体出现之前或许还可以保持竞争力，但是当进入一个“全媒体时代”后，只凭自身的平台进行传播已经无法保持影响力，甚至将会失去受众的关注。因为随着各地上星卫视的开播，频道的不断开发，节目质量在竞争中不断优化，当下受众面临更多更好的选择，广播电视行业如果不及时与“全媒体”合作，自己的影响力将会逐步缩小，甚至失去基本的受众。因此电视媒体只有树立与各种媒体合作的意识，才能改变这种孤军奋战的不利局面，使自身壮大起来。

与“全媒体”合作主要表现在内容和形式两个方面，并且也将是一种新的运营方式。电视台可以利用“全媒体”的平台扩大自身的宣传范围，进而提升市场影响力。这种合作将是双向共赢的模式，可以弥补各媒体自身的不足。电视台可以利用新媒体的可选择性延伸其信息，新媒体可以利用电视台的权威性提高其信任度。最终的目的是获得受众的认可和关注，进而取得更多市场运营的可能性。然而现实与理想是存在一段距离的，多数地市电视台依然保持传统的运作方式，没有扩展和深化与全媒体的合作。因此，地市电视台亟须在策略意识方面与时俱进，从而融入“全媒体”的大潮中。

（二）缺少整合营销的市场化理念

“全媒体时代”是个多种媒介融合的时代，是个共赢的时代，每个媒体的发展不可能闭关实现，需要和其他媒体互相推动，互为载体。作为相对更为闭塞的广播电视行业更需要多种媒体的承载才能激活整个体制，否则只会逐渐失去其仅有的地市受众，最终被市场淘汰。而整合营销的市场化理念就是与其他媒体进行市场化合作，不仅能提升地市级电视台的影响力，还能实现社会效益和经济效益的双丰收。尤其我国媒体逐渐实行“事业单位企业化管理”，甚至很多媒体已经实现转型走向市场，因此运行策略也要从之前传统的理念转向市场化理念。媒体走向市场将会激活整个媒体大环境，不再是旱涝保收的死板制度，而是多劳多得的灵活岗位制。走向市场不仅能够吸引更多的资金，还可以引进人才，留住人才。

整合营销这种方式在现代企业中已经很常见，同样也适用于媒体的发展，媒体走向市场必然也要逐渐实现市场经济下的企业经营与管理。如今的全媒体时代各种媒体互动频繁，电视台也有更多整合的对象可选择，网站、短信、微博等新媒体都是合作对象。世界级营销大师唐•舒尔茨说过：“没有任何一种形式的媒体可以成为超级媒体，因为每一种媒体只要有人用就不会消失，每个人都会觉得从中获得了一定的价值。”美国总统奥巴马的竞选团队就开创了一次有计划的跨界营销典范，这个整合的方案吸引了来自各界的广告创意人，他们创作了网络广告，这些广告被放在 Youtube、Facebook、Myspace 等网站上并广为流传。除此之外，奥巴马的广告也出现在《极速快感：玩命山道》等在线游戏中。此外还包括传统的电视广告、报纸广告等。正是这一次成功的整合营销，实现了线上与线下相结合的新模式。

（三）互动效果与新媒体相比差距较大

受众指的是信息传播的接收者，包括报刊和书籍的读者、广播的听众、电影电视的观众、网民。受众从宏观上来看是一个巨大的集合体，从微观上来看又体现为具有丰富的社会多样性的人。20 世纪 20 年代传媒界曾经盛行一种理论，叫作“魔弹论”，是指受众就像射击场里的靶子或者医生面前昏迷的病人，处于毫无反抗能力的地位，只能被动地接受，只要对准对其射击，受众就会做出相应的反应。但是后来这种理论遭到质疑，它过分夸大了大众传媒的影响力，忽视了受众的自主权，受众在接收讯息时会自行筛选，并且接收讯息后也会产生不同的态度。而且当时并没有其他新媒体与传统媒体竞争，受众没有其他的选择。但是现在不同了，媒体只有拥有受众才能拥有发展的可能，媒体的竞争就是受众市场的竞争。

在“全媒体时代”，受众不仅仅是信息被动的接收者，还是一个主动的传播者。因此，媒体必须加强与受众的互动，给予受众足够的参与性，从而巩固与受众的联系，稳定受众群体。与受众进行互动的形式随着“全媒体”的发展逐渐多样化，从最早的电话互动到短信、网络、微博等多渠道的互动，受众不再是被动的接受者，而是能参与到节目中并发出自己的声音。全国上星卫视和央视已经将与受众互动变成了自己节目的常态，地市级电视台更应该重视与受众的互动，以维持有限的受众的关注。然而现状是地市级电视台并没有实施此举，多数电视台仍然是自己单方面地传播。信息由传播者单向地传向受众，就无法形成互动得到受传者的反馈，只有当受众接收了信息并且做出反馈，信息才能实现二次传播。这样受众也将对信息发布发挥一定作用，进而巩固受众的忠诚度。媒体生产信息的最终目的就是传输给受众并被其接受，没有受众的需要就没有传播的产生，因此受众的接受程度直接影响着媒体的收益。收视率作为衡量媒体是否受欢迎的尺度足以说明受众对于媒体的影响力，在这样一个“全媒体时代”传者不再高高在上，受众的巨大力量逐渐体现出来。

（四）电视节目缺乏新意和品牌度

电视媒体的竞争其实就是节目质量的竞争，节目往往分为购进节目和自办节目，这两者的质量直接取决于电视台的资金实力和人才实力。但是广播电视行业由于其市场狭窄，资金有限，实力薄弱等现实问题，无力购买颇具收视率的节目，而且广播电视行业工作人员的素质参差不齐，其本身也不具备吸引人才的能力，也没有科学有效的培训机制，因此自办节目也缺乏新意和看点。硬件和软件上的双重缺失使得广播电视行业的节目失去发展空间，进而失去了受众的关注。广播电视行业的节目数量不多，节目的发挥余地也相对狭窄，因此节目的新意更需要提升。求新求变是永恒的追求，一个节目要吸引受众的眼球首先要有创意，符合受众的兴趣。无论是新节目还是已经成功的节目都需要不断地创新，只有这样才能获得观众持久的忠诚度。

品牌，是指给拥有者带来溢价的一种无形资产。“品牌是以某些方式将自己与满足同样需求的其他产品或者服务区别开来的产品或服务。”如今媒体如林，节目同质化现象十分严重，在这样一个注意力经济时代下，人们消费多少自己的时间将决定节目的自身价值。因此电视节目需要有自己鲜明的品牌。尤其地市级电视台面临着上星卫视和央视这些强势媒体，更要找准自身的品牌定位，取得当地受众的认可，以四两拨千斤之势实现自身发展。广播电视行业唯一的也是最大的优势即接近性，因此创立品牌也应立足于本土。品牌不仅仅可以带来电视节目需要的收视率，还会产生蝴蝶效应，即所谓的品牌效应。资金、人才等问题随着品牌的创立都会逐渐迎刃而解，最终实现社会效益和经济效益的双丰收。

（五）广告形式逊色于新媒体

广告收入是支撑电视台发展的经济来源之一，尤其媒体实行“事业单位企业化”的政策之后，更多的资金需要通过市场来吸引。但是广播电视行业的电视广告存在很多问题如电视广告形式单一，内容庸俗，以及其本身所具有的地域局限性。这都使其失去了广告竞争力。因此，电视广告对于地市级电视台的发展并没有起到应有的支撑作用，电视台的发展也受到了相应的限制。具体表现为以下几个方面。

第一，电视广告的呈现方式不够创新。在很多广播电视广告中不难见到“真人秀”的广告，这些广告往往以使用者的感受为主要内容，对比使用前后产生的变化，述说产品的功效。第二，电视广告的对象庸俗。由于地域的限制，广播电视行业的广告对象往往是当地企业的产品，尤其是各种药品最为普遍，如减肥、增高、类风湿的药物。而且这些广告的呈现往往都以夸张、庸俗为特点，电视台成为电视购物频道任其循环对受众进行广告轰炸。第三，缺乏整体营销的广告意识。在电视台播出广告只是投放广告的方式之一，电视台举办招商活动、各种比赛进行广告植入等都是广告呈现手段。这样的广告形式不仅不会让人反感，还会使电视台与企业取得共赢。然而广播电视行业缺乏这些整合营销的意识，仍然采用传统的电视广告方式，无法吸引商家的纷纷投资。

广告对于电视台的资金有决定性影响，尤其改革之后的电视台走入了市场，广告收入直接决定了电视台的收入。因此电视台应该提高对于广告策划的重视，提升广告营销意识。广播电视行业的广告不能仅是庸俗产品的根据地，而应该将本地的企业激活刺激本地经济的发展，实现双赢。

第二节　新技术革命下的广播电视技术发展趋势

当前，随着数字化和网络化等高新技术的迅猛发展，三网融合已经进入了快速发展时期。所谓三网融合是指电信网、计算机网、广播电视网打破各自的界限，在业务应用方面进行融合。三个网络在技术上趋向一致，网络层面实现互联互通，业务层面互相渗透和交叉，有利于实现网络资源的最大程度的共享。三网融合并非物理网合一，本质上是在技术趋同的 IP 网络上承载广电、电信和互联网业务。三网融合后就可以在同一个网络上实现语音、数据和图像的传输，避免低水平的重复建设，形成适应性广、容易维护、费用低的高速宽带的多媒体基础平台。将来三网融合的应用会十分广泛，涉及智能交通、环境保护、政府工作、公共安全、平安家居等诸多领域。

一、三网融合技术

（一）三网融合的三大技术基础

1. 数字技术

运用成熟的数字技术可以将数据、语音、图像等信息通过编码成 0 和 1 的比特流进行传输和交换。数字化使得互联网、电信网、广播电视网有了共同的语言。无论是音频还是视频等各种内容都可以通过不同的网络来进行交换和传输，数字化是三网融合的基本条件。

2. 光纤技术

只有基于光纤的电子通信网络才能满足三网融合不断增长的带宽需求。光通信技术的发展，为综合传送各种业务信息提供了必需的带宽和传输质量。

3.IP 技术

利用IP技术可以在多种物理介质和多样的应用需求之间建立简单而统一的映射，对多种业务数据、软硬件环境和多种通信协议进行集成，可以使各种以 IP 为基础的业务都能在不同的网络上实现互通。这在技术上为三网融合奠定了最坚实的基础。

（二）三网融合的关键技术

在三网融合的运行过程中，需要解决的关键技术包括接入网技术、光传输技术、宽带 IP 技术、视频编码技术和软件技术等。

1. 接入网技术

随着同步数字系列（SDH）光纤通信及波分复用密集技术的成熟，宽带接入网络技术得到了很大的发展。接入网技术是三网融合技术实现的关键环节。目前的主要接入技术包括以下几种。

①采用“FTTC+HFC”实现全业务接入。基于 PON 技术的 FTTC 和 HFC 是两种较好的接入方式，但各自有不足之处：HFC 上行信道频带窄，易受噪声漏斗效应影响和信号间串扰；而 FTTC 不支持 CATV 业务的传送。不过 HFC 是在现有的 CATV 网基础上建设的，在成本上具有很大优势，而 FTTC 采用 PON 技术，提高了通信传输质量，解决了上行传输中的带宽问题，将上述两种技术优化组合形成新的网络结构，便可支持所有业务的接入。

②宽带接入技术。基于 GPON 的 FTTH 速度将达到 2.4Gb/s，可以支持 20km 的传输距离，但是目前大部分电信运营商还是用了 ADSL，ADSL 上行速度比较慢，现在利用金属对绞线，VDSL2 可在 1.8km 内支持双向 30Mb/s。在 FTTB 或 FTTZ 之后，即光电节点到了最后一个放大器的位置，原有广电网的同轴电缆作为最后几十米的传输媒介，具有双向宽带能力。随着技术的发展，宽带光纤接入才是接入网发展的主要方向。

③无线接入技术。无线接入技术是无线通信的关键问题，它是指通过无线介质将用户终端与网络节点连接起来，以实现用户与网络间的信息传递。目前，本地多点分配系统（LMDS）是一种有很好前景的新兴的宽带接入技术，一点对多点的广播信号传送方式可提供高效率、大容量、全双工的宽带接入手段。LMDS 工作在 28GHz 波段附近，可用宽带达 1GHz，通过若干个类似蜂窝的服务区提供业务，每个服务区建立一个基站，用户端通过基站接入骨干网。运用 LMDS 可实现用户远端到骨干网的宽带无线接入，进行包括语音、数据、图像等在内的传输，也可作为因特网的接入网。

④机顶盒 STB 技术。STB 把 IP 数据转成电视，需要支持解码和协议转换，STB 还要支持数字版权管理、内容缓存、交互控制及网络管理等功能。STB 还需要符合数字家庭网络接口标准，以便与家庭内的数字设备相连。

2. 光传输技术

①宽带有源光网络。在接入网中应用 SDH 技术，可以将 SDH 技术在核心网中的巨大带宽优势和技术优势带入接入网领域。

②宽带无源光网络。基于 ATM 的无源光网络是既能提供传统业务，又能够提供先进多媒体业务的宽带平台。PON 的业务透明性较好，原则上可适用于任何制式和速率的信号，光分配网络中没有有源器件，比有源的光网络和铜线网络简单，且更加可靠，易于维护，用于接入网有着广阔的发展前景。

3. 宽带 IP 技术

近年来，宽带 IP 网技术发展迅速，许多关键技术相继被突破，出现了吉位以太网技术，迅速使以太网从一种专用网络技术发展成公用网络技术。采用吉位路由交换机为核心设备，在光缆上直接架构宽带 IP 网已经成为当前宽带综合业务骨干网主流组网技术之一。

4. 视频编码技术

数字电视系统主要采用 MPEG-2 编码标准，在标准清晰度下节目带宽为 4 ～ 6M，高清晰度显示节目带宽为 20M 左右，对于单向传输的数字电视直播节目，如果仅传播标准清晰度的节目，对于带宽，现有节目带宽基本上可以满足系统需求。但是对于互动电视业务而言，MPEG-2 的编码效率和节目带宽是无法满足大规模业务运营的需求的。现有的主流互动电视系统主要采用的是 H.264 编码技术，同时我们国家正在积极推进 AVS 编码标准的制定和产业化，AVS 是我国具有自主知识产权的新一代编码方式。

5. 软件技术

面对日益增长的大规模服务请求，有良好伸缩能力与容错效果的软交换平台系统的发展，使得三大网络及其终端都能通过软件变换，最终支持各种用户所需的特性、功能和业务。

二、三网融合下广电网络技术发展分析

（一）现有广电网络技术分析

在三网融合的形式下，网络技术日新月异，广播电视传输技术不断发展，由早期的天线发射、微波传输发展到现在基于光传输的 SDH、HFC 技术等。现有广播电视网络主要采用的技术有 SDH 传输、HFC 分配网络等。SDH 技术的优点很突出：技术成熟稳定；可以进行成环保护；接口形式丰富，有 2M、45M、MPLS 等多种业务接口，可以服务于语音业务、视频传输、网络互联等多种业务类型的应用；传输质量可靠。但是 SDH 技术的缺点同样突出，适用于带宽需求比较稳定的业务，对于带宽动态范围较大的业务形态支撑不足，尤其是新兴的互联网络业务和互动电视业务，主要原因是采用固定速率的接口实现业务传输。

就 HFC 网络而言，现有的 1550 和 1310 射频光传输系统技术已经十分成熟稳定，完全可以满足单向网络下广播电视业务的传输需求，也可以满足基于 IPQAM 技术的双向网络改造需求，但是对于三网融合后的全业务融合用户接入而言，在用户信息交互和双向网络接入上无法支撑，必须使用其他技术作为补充。

（二）采用新兴技术加快网络建设改造

首先介绍两种新兴网络技术：

① OTN（光传送网，Optical Transport Network）是以波分复用技术为基础、在光层组织网络的传送网，是下一代的骨干传送网。它属于第三代传送网技术，从设计上就支持话音、数据和图像业务，配合其他协议时可支持带宽按需分配（BOD）、可裁剪的服务质量（QoS）及光虚拟专网（OVPN）等功能。

② ASON（智能光网络）是构造在各种传送技术之上的，也就是在传送平面 SDH、光传送网之上增加了独立控制平面，因此它支持目前传送网可以提供的各种速率和不同信号特性（如格式、比特率等）的业务。它可以在两个客户网元之间提供具有固定带宽的传输通道，通道界定在光网络的输入接入点和输出接入点之间。

对于骨干网络而言，目前运用的技术主要是通过 SDH 传输基带信号和通过 HFC 传输频带信号。现有的 SDH 技术主要是采用环路保护技术的光传输网络，由于业务的发展和带宽需求的不断增加，基带传输对于带宽、质量、稳定性和保护方式提出了更高的要求。因此今后的基带传输网络必须满足以

下技术要求：首先可以满足多种格式和多种速率接口的业务需求；其次可以进行动态的带宽分配和调度；再次可以满足各类业务的不同 QoS 保障要求；最后可以实现网状结构的多路由业务保护。

因此，只有采用基于 OTN 技术的 ASON 平台才能满足以上需求，对于骨干网和城域核心网络，只有采用以上技术才可以满足“三网融合”后数据、语音、视频及多种融合型业务的技术承载要求。

就 HFC 技术而言，应当充分考虑同现有 1550nm 和 1310nm 的射频光网络系统的兼容性，频带信号的传输主要是在用户分配网络中进行使用，由于网络改造中对于光发射机、光放大器和光接收机的使用量巨大，因此必须同原有系统具有一定的兼容性。同时由于现有城市内管网已基本完成改造落地，新敷设光缆在多数地区存在一定的困难，因此对于原有光纤资源必须充分利用，挖掘光纤资源的传输带宽潜力。对此国内已有部分厂家做出积极探索，在射频和接入网络技术上使用波分复用技术，实现单向广播和双向数据业务的光纤传输，这样原有的光接收机和光放大器大部分可以保留使用，而通过逐步的更新换代可以完成对于整个城域用户接入网络的双向传输的改造。

（三）加快建设下一代广电网

广播电视作为三网融合的主体，在三网融合当中承载着重大的社会责任。下一代广播电视网（NGB）是以有线电视数字化整体转换和移动多媒体广播电视（CMMB）的成果为基础，以自主创新的“高性能宽带信息网”核心技术为支撑，构建的符合我国国情的、三网融合的、有线无线相结合的、全程全网的下一代广播电视网络。NGB 中的核心技术均具有自主知识产权，可以同时传输数字和模拟信号，具备双向交互、组播、推送播存和广播 4 种工作模式。NGB 支持三网融合基础业务和融合创新业务，支持现有技术体制向高级阶段的平滑过渡。NGB 不仅仅是指网络上所承载的业务，与管理、运行业务相关的部分也应该包含在 NGB 这个网络里面，这样才能构成一个整体的、可运行的、能够提供丰富多彩业务的下一代网络。

广播电视是中国最普及的获取信息的工具和最便捷的信息载体，经过几十年的建设和发展，中国目前已拥有世界上用户规模最大的广播电视网。发展下一代广电网要基于发展的需求，同时也要符合三网融合的时代战略要求。只有给广大的有线电视用户、广播电视用户带来丰富多彩、全面的业务，才能实现 NGB 的过渡。NGB 要将网络的带宽提高，更重要的是，不仅要让用户看到目前已有的视频节目、单向广播式节目，还要提供各种各样的三网融合业务。

三网融合为广电网络技术带来了广阔的发展空间。下一代广电网不仅仅是一个网络技术层面的升级改造，实际上在网络、业务、终端、用户、运营、安全方面都会有升级换代，通过建设下一代广电网可以充分发挥广电网的优势，在业务上可以给人民群众提供丰富多彩的服务。

三、展望

现代信息技术的发展日新月异，三网融合是现代信息技术发展的必然趋势。在这样的趋势下，广电网络要以积极主动的姿态迎接三网融合带来的挑战，加快网络双向改造，加速资源的跨区域整合，在更高水平、更高层面上促进三网融合。

第三节　新时期广播电视行业的转型

一、广播电视全媒体转型趋势

20 世纪 80 年代，美国的浦尔教授最早提出了“媒介融合”的概念。同时，他还对“媒介融合”进行了定义，其所指的是各种不同的媒介类型向多功能、一体化方向发展的趋势。

作为传播领域内一场影响深远而广泛的革命，媒介融合打破了过去技术、行业、业务和地域之间的壁垒，重构着内容生产流程、流通模式和市场结构。“媒介融合”概念的提出在媒体领域和学术界引起了不小的轰动，成为学术界相关研究者的关注和研究热点。人们对于媒介融合的认识在媒体融合进程不断推进的过程中也随之不断变化与深入。本文在对与媒介融合相关的文献进行归纳总结后得出，所谓广义的媒介融合，指的是对所有跟传播有关系的媒介要素进行的融合。首先是媒介形态，其所指的是将原来属于各个媒介形态的不同功能全部集中于同一个媒介工具上，如智能手表、平板电脑等；其次是媒介内容，指的是将原来属于各个媒介形态的不同内容全部集中于同一个媒介工具上，如由文字、图片、视频等组成的新闻；最后是媒介组织，指的是以效果和利益最大化为基础，对原来拥有不同功能的媒介组织进行合理融合。此外，麦克卢汉认为“媒介即讯息”。媒介融合是进行网络媒介改革取得的重要成果，其对于政治、经济、文化等方面的影响越来越大。

（一）台网融合

科技日新月异，随着互联网技术的不断突破与高速发展，出现了“互联网+”的概念，因此，广播和电视媒体与互联网的关系也越来越紧密，双方的融合程度也在逐步加深。所谓的广播电视媒体与互联网的融合，其实是以广播电视在其内容上存在的优势为基础，借助网络的优势，将广播电视节目资源通过互联网渠道进行传播的方式，同时也是广播与电视媒体在新媒体业务方面不断进行探索的结果。互联网平台的建立，可以为广播和电视媒体带来诸多好处，如提高自身反馈的及时性、增强与受众群体的互动性、提高传播的时效性等。利用互联网媒体进行传播，不仅能够扩大原有的传播范围，还可有效提高广播电视的传播时效性，更能够提高自身的国际传播竞争力，乃至可能创造出更多新的赢利模式。

以中国目前的电视台情况来说，像浙江卫视、凤凰卫视、江苏卫视、湖南卫视和上海卫视等几家实力雄厚的电视台都在不断探索网台融合的新途径、新战略。伴随着互联网的不断发展，各大广电集团对于自身的传播劣势都有了深刻的认识，都开始进军与自身相关的互联网平台。通过建立网站，并且结合自身在平台、广播电视资源、社会认知度等方面日积月累所形成的优势，各媒介机构还有针对性地将自身与互联网进行深入融合，走在了全媒体发展的道路上。

（二）产业融合

由信息技术、网络技术和通信技术推动的产业融合极大地改变了传媒、通信等行业。信息化时代与传统的工业时代相比，其在产业方面进行融合的频率更高、程度更深。此外，从市场竞争方面考量，竞争者越来越多，行业壁垒不断地改变，资产通用性不断增强，以技术为推动力的产业融合带动了一系列相关产业的腾飞，可以说，媒介融合已经成为中国传媒产业发展的重要方式之一。

历经数十年的集中化和规模化运作，欧美发达国家已经建立起像新闻集团、维亚康姆、迪士尼、贝塔斯曼、威望迪等一系列超级媒体集团，这些超级集团的主要经营特征：融合各大媒体、多个行业、多个国家或地区，构建一条完整的产业生态圈。这些超级媒体集团不仅是在传媒界进行分工创新的实践者与领导者，还是对传媒产业开展跨界深层次整合的主要角色。

与之相比，我国传媒产业的三个不平衡问题也日益凸显：分布不平衡、地区发展不平衡、跨界相融度不平衡。由此可见，将现有各成一派的布局转化为新的跨界融合的市场结构，协同现有市场资本进行收购与兼并业务，进而组成数个类似国外大媒体、大新闻的传媒集团，将是未来我国传媒产业的发展趋势。但值得注意的是，在各个媒体企业或者集团部门合作的同时，需要突出一个良好而有高价值的品牌，要充分发挥资源整合的优势以及将优势与其短板互补。此时的整合并不只是信息的共享或者互换，还是涵盖人才资源、版权、运营、托管、后期等各个层次领域的融合。对传媒产业来说，这种新的跨界加融合的形式也不失为一个新的发展方向。将生产与后期、软件与硬件、内涵与外延的融合化整，将是一种符合市场预期、符合时代信息化背景的商业盈利运作模式。在未来，大媒体产业将会深入互联网移动终端齐肩并进，摒弃只限于电信行业与传统传媒行业的闭环结合，进一步吸引更多合伙人或投资者，共塑开放、包容、合作共赢的交错融合格局。

二、对传统广电行业未来发展的建议

（一）转变理念，建立受众本位的广播电视节目创新体系

伴随着新媒体技术的不断发展，传统媒体的单向传播方式正在逐渐消退，参与互动式的双向文化已经开始形成。受众的消费越来越理性，并且其经济性和目标性也越来越强，受众的需求主要有以下几个新特点。第一，个性化趋势。媒介产品越来越多，除了娱乐、资讯和新闻等这些基本类别以外，还出现了类别细化现象，与“小众”相关的文化产品正在不断发展。比如，之前单一的音乐频道如今已被细分成古典乐频道、摇滚乐频道等。第二，多元化、不同时间段趋势。受众可能喜欢一种或多种广播电视节目，且在不同时间段，自身的偏好是不同的。比如，有的受众在早间时段倾向于收看新闻频道，在晚间时段倾向于收看电影频道或音乐频道等。同时，随着移动互联网的普及，媒介使用不再集中于大块时间段，媒介使用的碎片化趋势日益彰显。第三，需求动机的强化。新媒体赋予受众更多的社交参与体验，如信息获取与分享、社交沟通、角色扮演、自我展示、自我赋权等体验。第四，受众进行媒介消费和媒介生产的界限变得越来越模糊，其满足感通常是在生产过程中获得；在参与互动式文化的过程中，受众不仅能够根据自身需求对节目进行构思、制作和生产，还能够在生产过程中得到更多样化的消费体验。综上所述，当今的受众需求已经发生了明显改变，受众在广播电视市场当中的供需关系中渐占上风和主导地位。所以，电视台有必要透过受众的心理特征，摸清其偏好和潜在需求，据此在广播电视节目上进行相应的有效创新。

要切实转变传播理念，以受众为中心进行广播电视节目创新。在各个广播电视台间的竞争越来越激烈且受众自身对于节目的需求呈现多样与多变的时

期，若想要满足受众的需求，应当时刻关注受众的动态变动特征，清楚受众所想要的是什么，同时将受众的需求与广播电视节目的供给进行有效联系，强化受众与广播机构之间互利共赢的局面。传统广播电视主要通过受众的规模、收听率等一系列测量指标来估计媒体价值，最终进行广告价格的制定，却很少注重受众在行为类型、文化内容、接触方式等方面存在的差异。要对节目加以创新，首先要进行概念的创新，需要转变传统的思维方式，把受众本位的思想贯彻其中。如今，大数据带来的影响已不容小视，大数据有助于更加清楚、细致地了解受众的消费行为与偏好。因此，广播电视机构务必要利用好最新的信息技术资源，重新进行角色定位与机制创新。

（二）创新模式，全力推进全媒体节目生产

全媒体环境给广播电视发展模式的创新尤其是流程再造的创新提出了更高要求。流程再造可以消除过去平台与内容中间存在的界限，改变传统生产方式，继而统一平台与资源，实现信息资源的整合。媒体机构应当更加重视对从业人员的培训，可适当增加培训次数，培养其多方面的能力，使其更好地适应平台、完成工作；要进行一定的策划，建立与不断完善相应的流程制度；要完善绩效考核体系，通过激励手段让记者写出更好的稿子。在全媒体环境下，广播电视想要生存下去，必须注重全媒体节目的开发与创新。就目前来看，传统媒体应将全媒体节目作为重要载体，最大程度让其产生效用，将现有的广播节目往网络方面转化，同时将网络的成功节目往广播电视方面转化，实现两者间的相互转化。此外，应针对各媒体的不同特点进行有效转化。所以，有必要将广播电视、互联网、新媒体等资源进行有效整合，从而促进全媒体节目创新，产生新的节目。此外，要对产业与事业之间的关系进行有效协调。对于媒体，事业与产业这两者就好像互补商品一样，既相互联系，又相互补充。与此相关的例子很多，本文选取较为典型的、被称为“江苏广电现象”的江苏广电集团作为范例，其在以事业性质为依托提供新闻宣传和公共文化服务的同时，又以企业性质进行国有资产的有效运营，通过借助产业的发展来促进企业自身事业的繁荣，最终一石二鸟，取得了良好的经济与社会效益。

（三）完善节目价值评估体系，创新多维补偿方式

现有的评估价值体系有着两方面的明显缺点。首先，现存的评价体系均属于事后评价，这种评价体系不能预估节目在创意交易过程中的价值，未能向发行商、投资商等提供可以借鉴的市场准则。举例来说，为了降低投入成

本，减少损失风险，目前不少广播电视台要求赞助商在前期投入资金予以支持。然而，与新研发的节目相比较，由于已成功的节目风险性较小，赞助商往往倾向于已有的成功节目，所以，不少广播电视采用引进版权的方式吸引赞助商，这不利于进行自主创新。其次，现有评估体系的指标都是对传统广播电视渠道所播出的节目进行评估，并没有针对互联网广播、移动电视等新媒体终端设备进行评估。节目进行创新需要许多资金的投入，存在一定的投资风险，在节目的生产与传播过程中，有必要让交易流通。应当采用规范有效的方法和工具，有针对性地建立广播电视节目的一系列价值评估机制。

一个好的广播电视节目的产生与制作，需要较高的投入且伴有较高的风险。但高风险也意味着更高的回报。所以，对于一个取得巨大成功的创新节目而言，其成功带来的附加值非常可观，并且还会带来一系列的连锁效应。当然，要取得好的回报，需要时刻把握广播电视与受众发生的改变，对节目创新价值补偿方式进行全面度量。本文提出以下三种价值补偿方式作为参考。

首先是版权价值。广播电视节目产品属于文化创意类产品的范畴，这类产品的创意内容是无形的，是一种无形资产，需要法律对其版权进行有效保护，从而保证其交易的正常进行。因此，想要让自己拥有的版权实现经济价值，就要注重广播电视节目在创新过程中的版权保护问题以及可模仿性问题，必须进行节目创意与模式的不断创新。比如，浙江卫视持续热播的《中国好声音》引进的是荷兰一档极具创新性的电视节目《The Voice》。《The Voice》的版权公司在本土取得成功后迅速展开了面向全球推广的步伐，总共有45个国家和地区购买了其版权，并且这些购买者在自己的国家推出本土化的节目后都大获成功。搜狐视频花费1亿元买得《中国好声音》第二季的网络播放版权，刷新了视频网站购买栏目独家播放权的最高价格纪录；此外，曾用6000万元获得《中国好声音》第一季独家冠名权的加多宝，花费2亿元天价才夺得《中国好声音》第二季的独家冠名权。

其次是规模收益。在条件允许的情况下，要想降低固定成本和变动成本，实现最大的效益，就要使广播电视经营达到一定规模，从而实现规模收益。即使对传统广播电视节目而言，虽然其受众数量和投入时间在不断地减少，但只要将有效的受众进行叠加，也可以形成一定的规模，最终实现规模收益。因此，节目进行创新时要考虑其“柔性”，以最小的成本投入获得最大的规模收益。

最后是受众市场开发。本文所说的有效受众包括两类：第一类指的是拥有广告诉求对象所具有的某些特征的人群，这类人群的市场价值可以用具体指标来衡量——比如经济能力、购买意向；第二类是那些为节目内容所打动的群体。当然，这两类受众存在一定的交叉。因此，广播电视台不仅要注重常规节目的开发，还应该涉足与这两类受众相关的业务的开发，进行产品与服务方面的创新。

（四）注重引进与管理人才

21 世纪是注重知识的时代，人才的重要性不言而喻。广播电视媒体要想实现从传统媒体向新媒体的成功转型，就必须将人才的培养与引进放在首要位置，同时，在组织内部建立与发展战略相配套的人才培养、引进与管理制度，并不断加以完善，争取在最大程度上有效利用现有的人力资源。此外，还应建立行之有效的绩效考核制度，合理进行人才考核，提倡公平公正、人人平等，拒绝偏见对待，敢用新人，用人不疑、疑人不用。降低人才的流动性也很有必要，人才的流失对于组织极为不利，造成的损失不容小视。只有推行具有吸引力的激励措施才能留住人才，甚至让人才自愿留下来。另外，还需采取策略激发人才的创新动力、创新潜能，让其为组织做出最大贡献。

还是以江苏广电集团为例，该集团极为重视人才，坚持“走出去”与“引进来”相结合。首先，集团有针对性地选派重要管理人才和核心人员到外国企业实地考察学习，组织业务骨干远赴国外著名经济学院进修，以培养他们的国际视野，同时还与国内多所著名高校签订合作协议，共同举办传媒管理培训班。其次，邀请著名学者、优秀业内人士对员工进行培训。再次，在人才引进方面，连续多年大批引进顶尖学府的优秀毕业生。对企业内在编员工和非在编员工不差别对待，实行淘汰制，鼓励其公平竞争。干部竞争上岗后，要立下军令状，完成任务目标就给予奖励，否则就不奖励或给予一定的惩罚；中层干部采取签约三年的聘用制度，任务目标根据上一年的完成情况制定。最后，在每年年底进行员工和部门之间的双向选择，增强员工的满意度，形成一定的流动性。

三、“广电 +”时代加什么

“广电 +”时代加什么，这是“广电 +”必须要面临的话题和明确的问题。理论上，“互联网 +”的东西，我们广电也都可以“+”，互联网不能“+”的东西，我们广电也可以“+”。“广电 + 购物、房产、汽车、金融、少儿、婚恋、通信、教育、旅游”“广电 + 农产品”“广电 + 智能生活”“广电 + 各种选秀、评选、颁奖、晚会”，等等，涵盖的范围比较广，涉及的行业和产业也比较多。有的是“广电 +”比较成熟的项目，有的是“广电 +”正在尝试或者可以尝试的领域。“广电 + 行业、产业”确实可以拉近消费者与商家之间的距离，增近人与人之间的信任，促进产业的形成和发展。“广电+行业、产业”，可以根据区域、地域和自身的情况，自由选择组合。

“广电+”是现在广电人普遍追求的行动计划。制定此行动计划，可以推动传统广播电视行业转型，加快与现代行业的结合与融合发展。“互联网+”是互联网发展达到的一个前所未有的高度，而“广电+”也是广电业的发展目标。现在已经出现了广电版的电视购物、产品超市，出现了广电版定制的汽车，等等，“广电+”的产品，现在是层出不穷，多种多样。

然而，“广电+”的乱象也不乏存在，有些商家、有些节目栏目就是凭着广电的品牌卖狗皮膏药，混淆视听，赚取不义之财。在“广电+”时代，必须要去规避上述现象，让其不复存在，不然“广电+”加的越多，死得越惨。

“广电+”，加的是什么，加的是自己的品牌，加的是自己的产业，加的是自己的产品，更重要的是要对得起人们对广电的信任。

“广电+”，加什么，有什么优势去加。广电有自己专业的传播渠道、有自己专业的内容服务、有自己最权威的最具有公信力的传播平台和忠实的受众群体。然而，这些优势在“互联网+”时代，在慢慢被吞噬和分解。

目前，我国在教育、医疗等方面发展还很不平衡，这些又都是关乎人民群众切身利益的大事要事，虽然国家在下大力气进行改革，但现实还是存在这样那样的问题。有问题的地方，往往就是老百姓普遍关注和关心的地方，也是我们广电可以大显身手的地方。“广电+医疗”“广电+教育”，这些在互联网环境下众说纷纭，不免有些让人摸不着头脑。这时候就需要有公信力的广电来开辟一条澄清事实的通道。

广电先天的优势，就是有自己的栏目品牌优势。“广电+教育、医疗”，通过栏目和活生生的成功解决案例培育出了一批“广电+医疗、教育”产品，比如，“广电+医院”“广电+医生”“广电+学校”“广电+老师”。

在“广电+”时代，我们可以利用“广电+”的产品和服务去打动人，通过创立合作或经营一些特色专题栏目，挖掘一些教育、医疗资源，开辟一些绿色通道，直通挂号或就诊室、直通专家或教授。甚至可以在国家政策允许的范围内合办教育或科室。目前，我国正处在优化产业结构、合理配置社会资源的关键发展时期，允许社会资源和市场资本办教育、办医疗，不少资本和资源纷纷进入教育、医疗产业，我们广电也可以利用好这样一个难得的发展时机，通过与医院、医生合作，与学校专家合作，收购收编一些地方院校科室，开辟一些名专栏、名诊室或名科室。通过节目、专家和平台宣传，打造出一支支优良的具有专业特色的医疗救治和教育服务的团队来。

“广电+”，加的是广电自身的责任和社会使命，可以组织和发动专家教授下乡，真正帮助那些真正需要得到帮助的人们，让他们真真切切地感受到“广电 +”的产品好、服务好，这样我们“广电 +”的栏目才更有说服力，我们“广电 +”的产业才能得以继续光大发展。当然这样的合作、运营模式需要不断地摸索、探索才能生存和发展。

“广电 +”，要加出自己的产品和品牌来。一个优秀节目要想获得品牌效应，仅靠做好节目还不够，还要有适当的栏目产品的宣传，如一个农产品类的栏目，就需要有一个能代表这个农产品的文化产品或商品，这也能起到辅助宣传节目的作用。中国好声音的“拳头”已深入人心。一个好的节目、栏目，要有鲜明的 LOGO，哪怕是一件件便宜实用的印有节目 LOGO 的背心汗衫甚至是把小小的雨伞，等等，每当人们穿起或用起就会想起此节目，诸如此类的宣传，不能只局限于演播室的观众，更要让天下所有的观众都能穿起这样的“汗衫背心”，这样节目就做到位了，就做到全国观众的心里去了。

要通过“广电 +”形成广电发展的合力，不能各自为政、各据一方，关键时刻必须从全局出发。不能一会儿说是某台某某频道的情感追踪栏目，一会儿又说是某台另一频道的情感调解栏目，同样一档节目，每个频道要有每个频道的特色和发展方向。理顺内部结构和产业发展的关系，避免同类节目的重复和模仿，这里不是说同类节目多了不好，而是说彼此要差异化地发展。类型差不多的节目，可以放在一起，彼此还可以交流各自的经验做法，避免每一个栏目都得重新开始制作与开发。对内形成优势互补、优者上，对外优者放在黄金档播出，培育出一批优秀的金典品牌栏目来。新闻类栏目是这样，其他类的节目也可以如此。对外统一传播口径和宣传口号，不要一个台的一群人围着一个新闻发言人转，显得多而乱。

“广电 +”，就是要合理运用“互联网 +”的思维去加出广电自己的东西和发展天地来。开放的市场，需要开放的心怀、胆识和胸襟，同时广电业也只有敢于开放、敢于竞争、敢于拼搏，才能在“广电 +”的天空里大有作为。

四、展望

新媒体的蓬勃发展给传统媒体带来了冲击，广播电视行业在全媒体的大环境下迫切需要转型。台网融合、产业融合发展的大趋势要求广电在进一步的转型发展中，必须以受众为本位建构广播电视节目创新体系，推进模式创新，探索全媒体节目生产的新形式，完善广播电视节目价值评估体系，构筑创新的多维补偿方式，时时注重对人才的引进、管理。总而言之，在广电未来的转型发展中，要更加看重“人”（受众本位和人才本位）的作用和创新的力量。

第二章　新媒体技术

第一节　技术与媒体

互联网技术、移动通信技术等的发展大大推动了电视节目播出和内容分发方式的革新。节目的传输方式不再局限于模拟电信号，数字信号越来越普遍；播出方式不再局限于直播，点播、回放日益普遍；播出形态不再仅是完整的频道，碎片化特征日益显著；播出终端也不再局限于电视机，人们越来越多地利用手机、平板电脑、台式电脑、笔记本电脑等观看节目。虽然说传统电视正在遭遇挑战，但机遇似乎更多，正如美国哥伦比亚广播公司研究总监大卫·波尔特拉克在2013年底的一次演讲中说的，技术发展极大拓展了电视台的节目分发渠道和内容增值空间，电视正进入一个黄金时代。对于传统电视来说，要融入甚至驾驭这个黄金时代，最为重要的是把握技术发展，根据最新的技术特点改造管理运营模式、节目制播模式等。目前，最为值得关注的几个技术概念包括：电视无处不在、应用程序、Wi-Fi技术、OTT、二维码技术、高速网络、超高清技术、流媒体技术等。

一、电视无处不在

"电视无处不在"（TV Everywhere，TVE）是美国康卡斯特等有线电视运营商于2009年提出的一种新的业务模式，用户凭借用户名和密码，可以通过智能手机等移动终端来随时随地观看有线电视公司提供的视听内容。它代表的是融合时代电视商业模式创新与发展的新方向。电视无处不在是一种聚合策略，即聚合平板电脑、智能手机等第二屏终端的优势来提升传统电视的地位，也是电视播出机构和渠道运营机构增加服务内容、提升服务质量的重要举措。电视无处不在业务也印证了保罗·利文森的论断，他认为，媒介革命经历了三个阶段，在第三个阶段，人们能够在任何地方、任何时间获取一切信息，包括图像、声音和词语等。电视无处不在的关键要素是多屏技术。具体而言，它是指通过无线网络、不同的操作系统和不同的移动智能终端（智能手机、智能平板、电脑、电视）之间可以相互兼容的协同操作，实现电视节目的传输和播出。

电视无处不在（TVE）已经成为电视节目制作、播出机构及运营机构应对新兴媒体发展、适应融合媒体环境以及吸引年轻观众的重要举措。例如，美国主流卫星电视运营商“直播电视公司”推出了名为“直播电视无处不在”的多屏业务，并与维亚康姆、家庭影院、星光佳映集团等 37 家公司就节目版权播出平台的拓展达成了协议。用户在家中通过移动智能终端可以收看到 100 个直播频道。因为版权的原因，用户在室外可以收看到 30 多个频道，其中包括家庭影院频道等。直播电视公司高级副总裁托尼•贡萨尔维斯表示，直播电视公司不断增加电视无处不在的频道数和视频点播节目内容，是为了更好地满足观众随时随地通过多种播出终端收看节目的需要，为用户提供更多便捷、选择性强和物超所值的服务。

二、应用程序

目前，应用程序（APP）是电视领域的一个竞争热点。“APP”是英文 Application 的简称，现在多指智能手机的第三方应用程序。《连线》杂志在 2010 年曾发表文章称“Web 已死，Internet 永生”，指出 Web 端的流量不断被移动端的 APP 所蚕食，APP 正在成为新兴的、繁荣的信息平台，更多的信息生产、传播和消费都将在应用内完成。即便随着 HTML5 的发展和普及，也不可避免地改变了以往 Web 页面的呈现形式。移动 APP 的崛起无疑是互联网信息组织形式的重新调整。APP 重新定义了时间与空间，对其进行类别区分的不再是时空，而是需求与场合。它作为显示世界与虚拟世界的连接，强化了相应场合下人们的实时体验。专业研究机构 TDG 预测，到 2020 年全球基于应用程序（APP）的收视将占整个收视时间的一半。这意味着，观众的收视习惯将出现巨大改变，近半数的观众不再通过电视机这个传统终端收看传统付费电视或免费电视节目，基于宽带和无线网络的移动智能终端将凭借应用程序赢得越来越多的观众。

目前，很多西方发达国家的电视机构将 APP 作为拓展播出平台、强化与观众互动、提升节目社交水平的重要工具。2013 年 5 月，迪士尼 / 美国广播公司（Disney/ABC）推出了在线播放全国电视网及其地方附属台直播节目的应用程序。用户通过这个命名为“收看美国广播公司”（Watch ABC）的应用程序可以在电脑、智能手机或平板电脑上收看美国广播公司以及附属台的直播节目。2014 年 6 月，德国 Pro Sieben Sat.1 传媒集团推出了针对智能手机和平板电脑的应用程序，用户需付费使用该程序收看节目，资费标准为每月 2.99 欧元。用户通过该应用程序可以收看该集团的所有开路电视频道，并可使用节目回放功能。为了扩大该应用程序的下载量，德国 Pro Sieben Sat.1 传媒集团与德国移动通信运营商 E-Plus 公司合作，借助其移动通信服务平台覆盖了 600 万用户。美国有线电视新闻网在 2014 年 7 月推出了一个名为“收看 CNNx”（Watch CNNx）的应用程序，这是“电视无处不在”（TVE）功能的升级版。该应用程序为观众提供一种在移动互联媒介环境下通过多种终端收看新闻的全新方式和体验，着力强化观众的主动性和选择性。通过这个应用程序，用户可以查看 24 小时之内的节目单，回放、预览那些感兴趣的节目。

三、Wi-Fi 技术

对于电视业来说，无线局域网（Wi-Fi）是未来业务增长的重要支撑点。随着网络视频业的发展，全球网络协议（IP）流量将出现大幅增长，其中网络视频的增幅尤为显著。Wi-Fi 又被称为“无线局域网技术”（WLAN），是当今无线通信领域最具发展前景的技术之一。Wi-Fi 是有线电视运营商从有线领域向无线领域延伸发展的重要手段和基本技术路线。运营商一方面在公共地点大量构建和提供 Wi-Fi 热点服务，采用 Hotspot2.0 技术和 802.llu 技术，在特定范围内向用户提供具有智能自动接入和跨热点区域漫游功能的 Wi-Fi 无线宽带接入业务，另一方面他们还将用户家中家庭网关上的 WiR 向公众开放，通过一个统一的接入 ID 让公众接入，形成所谓的“社区 Wi-Fi”业务。由于这些有线电视运营商采用的宽带接入 DOCSIS 技术具有很强的服务质量（QoS）保障功能，因此他们能够在保障家庭用户宽带接入质量不受影响的情况下，利用社区 Wi-Fi 业务提供覆盖更广的宽带接入服务。

四、OTT

OTT 是“Over The Top”的缩写，这个词来源于篮球运动中的一个动作“过顶传球”，用在电视业上是指通过互联互通的网络向用户提供电视业务，也被称为“网络电视”。它完全以互联网架构为基础，美国谷歌电视、互录、奈飞等是典型代表。借用“过顶传球”这个词汇来表述网络电视的概念，也在于说明网络电视是绕过传统的有线电视系统、直播到户卫星电视系统等为用户提供视频等业务的。网络电视可以使用任何网络接入，运营商可以跳过网络直接面向用户提供服务，这对内容牌照方和终端生产商来说自然具有很大的吸引力。国际上，网络电视的概念最早出现是在 1998 年。当年 3 月，美国微软公司高层批准“维纳斯”计划正式启动。但经过一段时间努力，该计划仍以失败而告终。究其原因，是当时全球的互联网建设发展速度还不足以支撑微软所构想的互联网电视业务，在技术上不够完善。此后，互联网电视的概念一度沉寂下来。近年来，网络电视呈现高速增长态势，未来几年还将保持这种高速发展态势。智能手机、平板电脑、桌面电脑、笔记本电脑、智能电视以及游戏机等智能终端设备的普及是网络电视高速发展的重要推动力量，另外，宽带覆盖普及和网速提升等因素也将发挥重要的推动作用。

网络电视的快速发展给传统电视业带来了一定的冲击，也营造了一种危机。不过，部分业内人士认为网络电视并不会带来真正的威胁。美国时代华纳公司总裁和首席执行官杰夫·贝克斯在 2014 年 5 月表示，网络电视并不会危及传统付费电视业务，也不会改变目前的节目分发模式。他认为，随着年轻一代的年龄逐渐增长，他们还是会回归传统的付费收视方式。当然，传统电视业还是需要积极应对网络电视的冲击，尤其要用其所长来革新自己的运营方式和盈利模式。

五、二维码技术

二维码又称二维条码，是条形码的升级。它根据某种特定的几何图形，将数据符号信息按一定规律记录在平面分布、黑白相间的图形内。二维码具有储存量大、保密性高、成本低等特性，目前广泛应用于信息传递、电商平台入口、移动支付、视听节目互动等方面。日本 2002 年开始使用二维码，韩国从 2003 年也开始使用，日韩是全球二维码应用最早且最成功的国家。

二维码的本质是解决信息化的问题，作为信息的载体，它是引导信息从线上到线下的一种入口方式。对于电视媒体来说，二维码让电视和手机、网络“融合”到一起。在我国，二维码在传媒界的应用始于 2005 年。2008 年，借助报道北京奥运会的契机，传媒界加快了推行二维码的步伐。随着智能手机的普及和移动互联网的爆发式发展，终端解码和数据联网的问题得以解决，二维码出现爆发式增长，2012 年更是被称为“二维码营销元年”。

二维码的应用，让移动社交进入了一个新的阶段，但需要与传统电视资源进行深度整合，才能真正盘活这款应用。在二维码出现之前，全媒体对于电视媒体和数字媒体之间实现的链接是间接的，需要通过在浏览器中输入网址域名查找或者通过搜索引擎检索。二维码的出现使得受众在观看参与媒体的体验过程中，通过扫描二维码就可轻易直达全媒体体系的其他资讯，包括网页信息、视频资料、动画图片、微博讨论等。人们对全媒体资讯的体验需求创造了二维码在电视媒体中实现纽带作用的绝佳机遇。

六、高速网络

在数字环境中，电视业提供的服务不再局限于节目播出，还包括视频点播、节目录制、视频回放等，很多运营商还提供电视、电话和宽带的融合业务。因此，网络系统的带宽和网速至关重要，高速网络也就应运而生了。高速网络对于电视未来的发展具有关键作用，也是很多国家在大力推进的国家工程。例如，澳大利亚 2011 年启动了国家宽带网络（National Broadband Network，即 NBN）建设项目，计划到 2021 年完成项目建设。该项目建成后将大大提升信息服务水平，包括视频传输和播放业务等。这一项目将耗资 374 亿澳元，其中政府出资 275 亿澳元。国家宽带网络建设项目的目标是提供最初为 100Mbps，最终达到 1Gbps 的宽带速度，建成后要覆盖澳大利亚 93% 的家庭、学校和办公区域。很多电视运营公司也在大力建设高速网络，以保持或提升市场竞争力。2013 年 2 月，瑞士电信公司宣布投资 2.44 亿欧元开始建设覆盖全国的光纤到街道网络（FTTS），到 2020 年实现 80% 的用户拥有超高速网络。在德国，德国有线电视公司在 2010 年就开始将有线电视传输系统升级为第三代有线数据传输系统，系统传输速度提升到了 100Mbps。

我国目前也在着力建设下一代广播电视网，即 NGB（Next Generation Broadcasting Network）。2014 年 6 月 20 日，国家广播电视总局下发了《关于加快推动下一代广播电视网标准应用的通知》，要求各地有线电视网络公司加快网络升级改造和 NGB 建设，加速推进网络互联互通，加快推动终端标准化智能化。下一代广播电视网具有电视、数据、视频平台和网络的优势，它实际上是一个以视频通信为核心，融合支持各类通信业务的高速网络生态系统，网络运营商、业务内容运营商、接入运营商等各类运营商在网络运营、业务运营、终端运营、渠道运营、运营控制等方面在 NGB 上有机集成，形成以网络为核心的共生共长的生态系统。NGB 骨干网的速率达到每秒 1000G，接入网用户端速率达到每秒 100M，400 套以上的高清晰度电视和数字音频节目直接传送到每个用户端，可以为用户提供高清晰度电视、数字音频节日、高速数据接入和话音等三网融合业务。

七、超高清技术

从电视发明的那一天起，研究人员就一直致力于提升电视的色彩、声音表现能力，着力改进画面的清晰度，让观众在观看电视节目时获得最佳的观看体验。超高清电视的优点是可以提升目前电视节目画质的真实度，这主要是因为超高清可以大幅度改进画面色彩深度和提高分辨率。随着电视屏幕的不断增大，相应像素点距也会增加，像素点就较为容易被人眼识别进而形成颗粒感。人眼离屏幕距离越近，这种颗粒感就会越明显。2012 年 5 月，国际电信联盟发布了“超高清电视”标准的建议，即屏幕物理分辨率达到 3840×2160 的电视即为超高清电视。目前，超高清电视也被称为 4K 和 8K 高清电视，4K（2160P）格式的最小分辨率为 3840×2160，8.3 百万像素，是 2K（1080P）格式（1920×1080，2.1 百万像素）像素的 4 倍；8K（4320P）格式的最小分辨率为 7680×4320，33.2 百万像素，是 1080P 格式像素的 16 倍。

未来几年，超高清电视将迎来高速发展期。另外，相对于之前采用的 H.264/MPEG-4AVC 标准，HEVC/H.265 标准将提升视频数据的压缩效率和视频播出质量，这也为 4K 电视机的普及提供了条件。付费电视运营商是 4K 电视最积极的推动者，这也是其与免费开路电视频道和互联网电视进行竞争的优势所在。根据相关研究报告：全球超高清电视业整体发展将从 2017 年开始提速，2020 年全球超高清电视频道总数将达到 200 个，与此同时，全球 1.4 亿电视家庭将拥有至少一台超高清电视机，安装超高清机顶盒的电视用户规模将超过 5000 万。随着 4K 超高清电视的日趋成熟，8K 超高清电视技术的研究和应用也提上了日程。2014 年 1 月，日本广播协会成功完成 8K 超高清电视长距离（27km）无线传输试验。此次试验采用 UHF 频段的第 46 频道（频宽为 6MHz）来传输经过压缩及信道编码等处理的 8K 超高清电视信号，通过日本广播协会在熊本县人吉市的人吉电视中转站发射，所传输的最远距离与传统全高清地面数字电视播出距离相同，都是约 27km。日本广播协会科技实验室认为，这意味着开播 8K 超高清地面电视广播，将 8K 电视无线传输到千家万户是可以实现的。2014 年 5 月，英国广播公司宣布在 2014 年世界杯足球赛期间用超高清格式转播 18 场比赛，包括半决赛和决赛。比赛信号通过卫星从巴西传输到英国，解码后在数字地面电视平台和高速宽带系统播出，英国广播公司在节目传输和播出中采用的是高效传输和高效视频编码技术；这也是英国广播公司第一次在数字地面电视和网络 IP 平台上同步播出超高清的节目。

八、流媒体技术

所谓“流媒体”就是将普通的多媒体（如音频、视频、动画等）经过特殊编码，使其成为在网络中使用流式传输的连续式基媒体，以适应在网络上边下载边播放的播放方式。“流媒体技术”就是把连续的影像和声音信息经过压缩处理后放到网站服务器上，供用户一边下载一边观看、收听，而不需要等整个压缩文件下载到自己本地设备后才可以观看、收听的网络传输技术，其主要特点就是运用可变带宽技术，以“视音频流”的形式进行数字符号的传送，使人们在低带宽和高带宽条件下都能在线欣赏连续不断的较高品质的音频和视频节目。它先在用户端的技术机上创造一个缓冲区，在播放前预先下载一段资料作为缓冲，当网络实际连接速度小于播放所耗用资料的速度时，播放程序就会取用这一小段缓冲区内的资料，避免播放的中断，也使得播放品质得以维持。在流媒体技术发明之前，人们从网络中获取多媒体内容的传统方式是将音视频文件下载到本地以后再进行播放，但这种方式会涉及下载速度、存储空间以及知识产权等问题。

流媒体技术起源于窄带互联网时期，最初是在1994年由一家叫Progressive Networks的美国公司最先推出。1997年9月，该公司更名为Real Net-works，相继发布了多款应用广泛的流媒体播放器Realplayer系列。随后，微软和苹果等都看到了流媒体的大好前景而加大了在该领域的投入，流媒体以惊人的发展速度深入人心。

第二节　媒体发展中的“新旧之争”

我们正处在一个媒体技术发生巨变的时代，互联网和移动通信等技术改写了信息传播模式及节目分发方式。在媒体形态演进过程中，许多人习惯于以“新”和“旧”来界定一种新近出现的媒体。今天，“新媒体”或“新兴媒体”的概念被广泛使用，甚至某些大学还成立了“新媒体研究院”。与之相伴，“电视消亡论”不绝于耳，似乎电视很快会因为互联网而成为历史。纵观传媒发展史，新与旧永远都是相对的概念。美国学者詹姆斯·沃克和道格拉斯·弗格森在1998年出版了专著《美国广播电视产业》，作者在当时将有线电视界定为新兴媒体，并认为这种新兴媒体会与传统开路电视进行竞争，“20世纪八九十年代，有线电视已经成为开路电视的主要竞争对手。有线电视吸引了大量年轻的观众，随着其技术的完善，它很有可能会使年轻人摒弃开路电视”。今天，有线电视已然成了传统媒体，或者旧媒体；但开路电视也并未被摒弃，它通过与有线电视深度融合，在电视业中仍居于中心地位。

媒体技术的发展不断催生着“新媒体”，而且新旧媒体之间总会出现博弈和融合；在“新”技术普及之后，媒体也就无所谓新旧了。在 18、19 世纪，报刊获得了媒体主导权；在 20 世纪三四十年代，媒体主导权从报刊转向更为方便、迅捷的媒体形态——广播；20 世纪五六十年代，电视开始居于主导地位。罗珀民意调查公司的民意测验表明，电视在 1963 年时已取代报纸，成为主要的消息来源。20 世纪 80 年代，电视已经毫无悬念地成为“媒体之王”。1986 年 1 月 28 日，“挑战者”号航天飞机失事，在 30 分钟之内，美国有 69% 的成年人得知了这一悲剧，他们的信息来源分别为口传（37%）、电视（36%）或电台（22%）。但是有 83% 的人说，关于此事的大部分报道，他们最后是从电视上得知的。到了 21 世纪初，互联网开始对电视构成威胁。媒体就是这样由“新”变“旧”，往复轮换，生生不息。

有学者指出，不同媒体形态实质上满足了人们不同的需求，本质上不存在新与旧的替代关系。例如，报纸、广播、电视和网络这些媒体需要不同的技巧和不同方式的注意力，它们创造了不同使用方式的可能性。新旧媒体的关系总是处于一种动态演进的过程中，要么通过竞争达到新的平衡，要么在融合互鉴过程中产生一种复合体。本节就是从媒体演进的视角来回顾几种主要媒体形态之间的“新旧之争”，探寻媒体发展的规律。

一、媒体演进过程中的“新旧之争”

新兴媒体，也可以称为新媒体，是媒体技术发展到某个特定阶段的产物，是相对于已有媒体新近发展起来的一种媒体形态。从定义上讲，新媒体是指在传播理念、传播技术、传播方式和消费方式等方面发生了质的飞跃的媒体，既是形态上前所未有的媒体，又必须是一种在理念上和应用上新颖的媒体。我们从媒体发展的历程中可以发现，媒体演进的催化剂是技术，而引发“新旧之争”的根本原因是利益。在各种媒体中，争夺受众和广告收入的竞争在不断加剧，其中媒体之间的差异也在起着作用。换而言之，一种新的媒体形态出现时，会对已有媒体的生存和发展空间构成威胁，而已有媒体会牢牢控制固有资源，设法限制新兴媒体的发展。

（一）报纸与广播

在广播登上历史舞台之前，报纸是“媒体之王”。1919 年 10 月 17 日，弗兰克·康拉德博士开始在匹兹堡一个名为 8XK 的实验电台播放录音唱片。

此后不久，他收到了很多播放音乐的请求，当地一家百货商店也开始做广告推销威斯汀豪斯公司的矿石收音机。威斯汀豪斯公司颇具先见之明，认定广播会开启一个新的市场领域，于是申请了第一个全商业性的标准广告执照；它的 KDKA 电台于 1920 年 11 月 2 日开始运营，并随后播出了哈定与考克斯竞选总统的结果。

最初，报纸和广播还没有成为竞争对手，广播电台利用报纸大登广告来推介自己。美国报纸发行人协会电台委员会 1927 年报告表明，当时 48 家报纸拥有自己的电台，69 家报纸在别人的电台上出钱主办节目，97 家报纸提供无线电新闻节目。美国报纸发行人协会电台委员会认为，电台报道新闻有助于报纸的销售。不过，随着广播影响力的扩大，报业逐渐感受到威胁，广播与报纸的关系也开始发生转变。20 世纪 30 年代初，美国报业内部围绕如何对待广播出现了分歧。1933 年，美国哥伦比亚广播公司建立了哥伦比亚新闻中心，这加剧了报业的不安。报纸和广播之间开始暗中较劲，当时美国传媒界甚至认为“报纸—广播战”已经打响。为了解决“新旧之争”，1933 年底，报业和广播业代表在纽约毕特摩饭店（Hotel Biltmore）达成了协议，以协调利益纷争。根据该协议，广播电台如国家广播公司与哥伦比亚广播公司旗下的电台，每天只能播报来自报纸和通讯社的 5 分钟的新闻，一次在早上 9 时 30 分，另一次在晚上 9 时或之后，以保障早报与晚报的权益；电台不得自行采集新闻；电台也不得在新闻播报中插入广告，不过实况报道的赞助商例外。在英国，报纸与广播之间经历了类似的紧张关系。英国广播公司在发展之初曾受到报业的严格限制。英国广播公司于 1922 年 12 月 23 日开始在伦敦播报一般性的新闻快报。为了有效应对这种“新媒体”的挑战，报业主敦促政府限制英国广播公司开展新闻业务，并在其营业执照上加了一条禁令：英国广播公司只能报道几家特定的通讯社提供的新闻摘要，包括路透社、英国国家通讯社、电讯交换社，并且在晚间 7 点以后才能播报。时过境迁，传媒生态逐渐趋于平衡，广播与报纸之间的“新旧之争”慢慢平息，毕竟报纸与广播属于两种不同类型的媒体，其本质上不构成“取代”关系。

（二）广播与电视

电视在 20 世纪 30 年代正式进入人们的生活，“二战”后取得了长足的发展。相比报纸与广播之间的关系，广播与电视的关系更为复杂。电视兼具收看、收听和阅读等媒体使用特征，在大多数情况下胜过广播的单一收听特征。在电视发展初期，人们没有充分认识到电视的发展潜力，也低估了电视对广播的影响。1947 年到 1952 年担任英国广播公司监管委员会的主席西门爵士在对比电视新闻和广播新闻的发展前景时曾错误地断定，电视取代广播的机会微乎其微。但事实是，广告逐渐涌向电视这一“新媒体”，广播的市场份额被蚕食。以美国为例，到 1955 年，广播网的电台收入比 1952 年下降了 58% 左右。随着一些电台的大牌明星转行到电视领域，大批广播听众也转而收看电视节目。20 世纪 60 年代初期，电视在美国和英国媒体界的地位已经超越了广播，电视新闻已取代广播与报纸成为主要的新闻来源。当时一项研究发现，电视让人们每天收听广播的时间平均减少了 8 分钟。20 世纪 60 年代，匈牙利社会学家亚历山大・萨莱为联合国教科文组织进行了一次范围广泛的研究，在 4 个西欧国家、6 个东欧国家、1 个拉丁美洲国家和美国完成了 2.5 万份以上的抽样调查。研究发现，在电视出现的早期阶段，当时人们就开始大幅减少他们原来用于其他媒体的时间；另外，他们在家里待的时间更多，睡眠和闲聊时间变少了，这些可能是为了不影响看电视。

此外，广告投放也在随之转移，广播电台的广告收入下跌。以美国为例，全国性广播电台网广告销售额从 1935 年的 4000 万美元上升到 1948 年的 1.33 亿美元的高峰，此后逐年下降，在 1960 年跌至 3500 万美元。一些人据此判断，电视宣告了电台的死亡。但是事实证明，两者都发展出了自己的生存空间。最终，广播并没有因为电视而消亡。正如保罗・利文森所说：一种媒体通常具备多种功能，它在某一领域可能比对手先进，而在另一领域可能又要落后于同一或不同的对手。广播能够在电视时代成功地生存下来，就是因为它改变发展思路，力求迎合人们在“倾听”以及其他方面的需求。

（三）电影与电视

电影和电视都属于视听媒体，但前者具有较强的公共娱乐属性，后者基本上是一种家庭娱乐。在电视发展初期，电影业和电视业之间的关系类似于早期唱片业和广播业的关系，前者都将后者视为竞争对手，而前者又掌握着后者发展所需的重要内容资源。

电视对电影的影响在 20 世纪 50 年代开始显现。20 世纪 40 年代，电影业很繁荣，美国好莱坞每年拍摄 400 多部影片，在全世界拥有巨大的市场。但到 1950 年，电影观众规模从每周约有 9000 万的高峰下降了 1/3。1960 年，每周电影观众已下降到 4000 万人。1965 年，美国 6000 余家电影院关闭。正因为如此，美国电影业在相当长一段时间对电视怀有敌意，拒绝或限制向电视台提供影片。1960 年以前，美国电影制片厂仅向电视台提供 1948 年以前的老电影。有学者认为，这种对抗电视的方式是电影业的一个重大失策，电视业被迫发展自己的内容，电影从而失去了一个重要的播出渠道和收入来源。

随着对电视业认知的加深，电影业意识到电视不会取代电影，两者开始由对立转为合作，这体现在电影公司制作了大量以电视观众为目标的电影。1978 年，好莱坞专门为电视制作了大约 180 部电影，而为电影院生产的电影仅比这多了 20 来部。20 世纪 70 年代后，好莱坞电影公司每年大约有一半营业收入来自电视。当时电视台购买电影播映权，平均每部需付 50 万美元，最高一部曾达到过 1000 万美元。

在电影和电视的博弈中，电影并没有因为电视而消失。对观众来说，电影不可替代，因为它提供了非常独特的社会行为（多人外出的文化活动），提供了一种沉浸在沉静黑暗的放映厅里的特殊仪式。

（四）互联网与电视

互联网与电视的关系并非一般的新旧关系，呈现出相互交织、错综复杂的特点。互联网肇始于冷战期间，当时美国国防高级研究计划局出于当时的军事需要，建立了一个电脑互联网络，这个网络就是互联网的前身“阿帕网”。1989 年，世界网（World Wide Web，即 WWW）诞生。20 世纪 90 年代，全球的互联网取得了长足的发展，互联网进入了一个跨地域、跨行业的发展期。早期互联网上信息的主要形式是字符内容，后来音频内容稳步增加；随着技术的发展，电视节目（更准确地说是视频内容）逐渐增多。

互联网与电视形成交集是在互联网进入 Web2.0 时代之后。不同于 Web1.0 时代的门户网站、BBS 和搜索引擎，进入 Web2.0 时代以后，网络社交和网络视频等服务的诞生，不仅丰富了互联网的内容，还改变了人们使用互联网的方式。在 Web2.0 的若干模式中，发展得最好的当属网络视频（网络电视的初期形态）和网络社交。最初，互联网对于电视台形成了巨大的威胁，甚至引发了“电视消亡”论。2007 年，美国微软公司董事长比尔·盖茨在瑞士达沃斯世界经济论坛年会上指出：随着网络视频的日益发展，互联网将在五年内“颠覆”电视的传统地位。不可否认，互联网对电视节目制作、传输、播出和内容分发等造成了巨大冲击。以电视运营业为例，网络电视直接“蚕食”着传统电视运营业的用户。2014 年一份针对 2.4 万名美国成年民众的调查结果显示，奈飞或互录网等网络视频网站的订户更倾向于停止付费收看有线电视，退订率是普通电视用户的 3 倍。对此，传统电视业依然持乐观态度。美国自由媒体环球集团总裁和首席执行官迈克·弗里斯表示，奈飞公司等新兴媒体的崛起并不表明传统电视业遭遇了重挫，但奈飞公司确实为整个有线电视业提供了很好的借鉴。奈飞公司给传统有线电视业上了重要的一课，在向用户提供新型视屏业务方面它已经走在了整个电视业的前列。另外，传统有线电视业也在积极应用网络技术拓展和升级业务。美国康卡斯特公司推出了X1业务，美国自由媒体环球集团推出了“地平线”业务，这两款业务都搭建了一个新型网络节目分发平台，播出终端不仅包括电视机，还有移动终端。因此，互联网与电视不是你死我活的对立关系，而是一种博弈与融合并存的关系。

二、媒体发展过程中的“新与旧”

媒体的“新”与“旧”是相对而言的概念，但新兴媒体和旧有媒体之间并非“优胜劣汰”的取代关系。换而言之，当一种新媒体在特定的领域中胜过旧有媒体时，并不意味着旧有的媒体会就此衰落和消亡。一方面，事实上，旧有媒体被逐渐挤压进一个小的生存环境中，扮演新兴媒体所不能胜任的角色，并继续生存发展。当然，旧有媒体能否继续存在取决于它是否能因时而动创造机会，“发现依然存在的人类需要或知觉模式”。另一方面，新兴媒体与旧有媒体也可以从对立关系转化为合作关系。例如，在广播的发展过程中，它对当时的唱片业产生了很大的冲击，并最终导致唱片业在20世纪30年代的经济衰退中险遭灭顶之灾。作为反击，唱片公司甚至不允许广播电台播放其唱片。其实，广播电台播放唱片对广播业和唱片业都有利，而这在当时却不被理解。后来，广播和唱片业的关系从对立转为合作。新兴媒体往往会对旧有媒体构成一种挑战，也常常会蕴含着巨大机遇。

媒体形态的新旧演进与媒体技术直接相关，而媒体技术有其内在发展规律。如同生产力改变生产关系一样，媒体技术是媒体产业革新的动力。一种新的媒体技术如果能更便捷地满足人类的信息需求，也能更好地满足人们的娱乐需求，那么它的价值和潜在应用前景就不言而喻。

媒体形态的演进也有其内在规律，这体现在六个方面：一是共同演进与共同生存的规律，即一切形式的传播媒体都在一个不断扩大的、复杂的自适应系统以内共同相处和共同演进，每当一种新形式出现和发展起来，它就会长年累月和程度不同地影响其他每一种现存形式的发展；二是形态变化规律，即新兴媒体绝不会自发地和孤立地出现，它们都是从旧有媒体的形态变化中逐渐脱胎出来的，当比较新的形式出现时，比较旧的形式就会去适应并且继续进化而不是死亡；三是增值规律，即新出现的传播媒体形式会增加原先各种形式的主要特点；四是生存规律，即一切形式的传播媒体以及媒体企业，为了在不断改变的环境中生存，都被迫去适应和进化，它们仅有的另外一个选择就是死亡；五是机遇和需求规律，即新兴媒体并不是仅仅因为技术上的优势而被广泛地采用的，还要有刺激社会的、政治的和（或）经济上的理由；

六是延时应用规律，即新兴媒体技术要想取得商业成功，总是要花比预期更长的时间，从概念的证明发展到普遍采用往往至少需要一代人（20～30年）的时间。

当前，互联网在某种程度上颠覆了之前媒体的演进的规律，因为报纸、广播、电视等几种媒体形态的新旧交替，不过是符号、图像、声音、文字借助技术的演进，相互之间是互相转化关系，文字构成了报刊、声音构成了广播、图像构成了电视。现在，互联网则以数字化的形式囊括了之前的所有媒体形态，形成了无所不包的“超级载体”。目前，互联网及其所代表的新兴媒体正方兴未艾，也在不断引发人们关于新兴媒体与旧有媒体的讨论。有人认为，传统电视的王者地位会被互联网这种新媒体所取代，并提出了三阶段论。第一阶段，互联网不断吸引观众和广告主的注意力资源，传统电视的观众和广告流失，话语权、影响力下降。第二阶段，传统电视的内容版权资源、人才资源等开始向互联网转移。第三阶段，传统电视的观众、广告、品牌、人才、内容等资源流失殆尽，由此沦为网络视听媒体的内容提供商。但也有许多专业人士认为，从目前的发展趋势来看，互联网与传统电视之间并不存在冲突，而是一种相互助力的关系。从传统电视发展前景来看，互联网甚至会给传统电视的发展带来新契机，因为电视播出渠道不再局限于有线电视系统、直播卫星平台或地面无线，还可以拓展到互联网；播出方式不再局限于线性播出，可以更为便捷地进行回放、点播等；电视节目的播出终端也不再局限于电视机，智能手机、平板电脑、台式机等都可以成为播出终端。从某种程度上来说，属于电视机的电视时代已经结束，但电视却进入了一个新的时代。在5个电视业较为发达的欧洲国家中，电视观众的日均收视时长在过去20年中增加了43分钟。一些业界人士认为，电视的黄金时代就此开始。

可以看出，一种全新的媒介生态和媒体格局正在形成。与此同时，纵观媒体发展历程，报纸、广播、电影、电视、互联网之间的关系虽然错综复杂，但仍有一个较为清晰的发展脉络，即遵从符号演进和技术发展规律；一种媒体赢得主导地位的前提是，它具有更为复杂的符号体系、以更为便捷的接收方式来更好地满足人们的内容需求。随着互联网以及移动通信技术的发展，媒体演进将呈现融合的趋势。从长远看，电信、电视和数据业务将结为一体，构成可供在三种网络上提供各种业务的新网络。在这样的媒介环境中，我们很难说是互联网占据了电视的主导地位，还是电视借助互联网巩固了自己的地位。但可以肯定的是，互联网将继续发展，电视也不会消亡，因为它们之间不仅有博弈，还有融合。

第三节　新媒体的关键技术

一、何为新媒体

（一）新媒体概念

所谓新媒体，简单地理解，即在当前科学技术、计算机技术与网络技术的发展背景与支持下出现的各种新颖的媒体形式与技术，如手机媒体、移动媒体、网络电视、电子杂志、电子报刊、音乐电台等。

究竟该如何定义新媒体呢?

有学者把新媒体定义为“互动式数字化复合媒体”，根据前面的讨论，本文在这里给新媒体下一个定义：新媒体是在当前网络与计算机技术发展背景下，通过移动互联网技术、数字电视传播技术、无线通信技术等，以各种新型终端与智能设备为载体，提供资讯、知识、信息等各种形态传播的媒介。其基本特征为传播的实时性、与用户的交互性和载体的智能性等。

（二）新媒体与传统媒体

首先，新媒体与传统媒体相比，显得更为大众化与草根化，并可以实现广大观众在新闻传播与报到中的参与性与自我价值，而旧媒体则显得过于阳春白雪，具有精英风范。许多媒体用户的一个直观印象是，新媒体似乎在传播方面更有优势一些，但事实上真的如此么？目前来看还不能做这样的简单判断。

从新浪微博这一新媒体方式新浪微博来看，其粉丝数是非常重要的参数。当所有人都在怀疑新浪微博究竟能运营多长时间时，著名的草根微博博主尹光旭无视之。他告诉《创业家》：“最大的风险是自己，你都一无所有了，还有什么风险？光脚的不怕穿鞋的，为什么那么多草根能创业成功？一无所有，甚至还负债，这时候你就会想你必须成功，你会想尽一切办法成功，不成功你也要把它搞到成功。”

2009 年 11 月，新浪微博注册用户超过 100 万。2009 年 12 月，尹光旭把重心从有固定收入的豆瓣小组转移，开始正式“做”微博。

他分析，互联网发展早期，笑话网站流量很大；豆瓣上，笑话类的小组也做得很好；他相信历史会在新浪微博上重演，于是专门注册了 10 个跟笑话有关的微博账号，发扬搬运工的精神，从各大笑话网站直接取材，编成 140 个字的“微博体”发到新浪微博上，一周后他发现，“冷笑话精选”账号最能吸引粉丝，遂将其作为主打。

当时，尹光旭在豆瓣上管理的小组用户已达30万，而新浪微博上最红火的女星姚晨的粉丝数也不过20多万，粉丝数超过1万的普通微博账号寥寥无几。对尹而言，这是纠结的时刻：一边是能赚钱的30万豆瓣用户，一边是刚起步前途未卜的新浪微博。他让创业伙伴继续经营豆瓣小组，而自己在新浪微博小范围实施“增粉策略”：拿自己的微博账号去加2000粉丝，有800～1000会反过来加他好友。在饭否上“一夜回到解放前”的经历让他吃一堑长一智，“你在平台上做事情，要考虑一个平台的底线是什么，这也是我在新浪微博上比较保守，绝不干歪门邪道的事的原因”。

一招不成，一招又来。尹光旭加粉丝比较多的账号为好友，想办法让其转发自己的微博，或者让自己另外9个账号一起转发“冷笑话精选”账号的微博。

“冷笑话精选”早期也曾遇到过瓶颈，当粉丝只有500个时，尹光旭拼命想，怎么才能突破1万呢？他把前五十名的草根微博都学习了一遍：发什么内容说什么话可以吸引大家关注，用户的评论是什么；向名人博主偷招——为什么有的博主粉丝数很多，有的微博转发量很大……不断反思，并优化自己的内容。但他从没想过做原创微博，“自创就把自己局限掉了，把资源整合到这里来，用户要什么给什么，这不就是商人的理念吗”？尹光旭是草根微博里第一个将文字和精美的图片结合起来的博主，“当时大部分的微博，就一条文字，都不带图片，我把图做得很精美，效果很好，很多微博博主都模仿”。经过加粉、转发、偷师、图文结合等手段，2010年1月，“冷笑话精选”的粉丝量突破了1万，3月达到3万，打入草根排名前十，5月则达到十几万，成为草根微博第一名。水涨船高，这并不是偶然的——新浪微博在2009年11、12月批量引入名人、明星，病毒式传播广泛吸引了大量用户。与此同时，2010年1月搜狐微博和网易微博相继内测，4月1日腾讯微博内测，4月6日凤凰微博内测，微博成为中国互联网兵家必争之地。2010年4月28日，新浪微博用户突破1000万。微博粉丝基数的暴涨，加上很多人没有关注到笑话领域，让尹光旭占了先机。不过，一位微博营销界人士说，“冷笑话精选”其实就是类似《故事会》这样的媒体，可能拥有庞大的读者群，但是未必有那么大的价值。尹光旭并不这么认为：“有价值的东西传播性未必好。微博不只是媒体，还是传播的渠道，要先传播再媒体，如果先媒体再传播，很难在初期找到关键点。我比较庆幸很多人还没发现这个需求，不屑于做笑话。”

此外，有一个问题是新媒体和传统媒体共同面临的问题。新媒体的繁荣，使得人们可获取的信息的容量加大，但直接结果是受众对需求信息的搜索成本加大，也就是说，传播的效率下降了，这给了Google这样的搜索工具以巨大的机会。

二、新媒体技术的关键技术

构建新媒体技术的概念框架，可以从技术的基本功能角度，即生产、发送、显示等环节来介入。应用于电视领域分别对应这几个环节的新媒体技术的几个关键技术是数字电视、IPTV和移动电视技术。

（一）数字电视

数字电视的基本含义为采用数字信号，即完全由0和1组成的数字流而非模拟信号来进行传播的一种类型。它从演播室的节目发射开始，后续的信号传播、信号接收等所有环节都采用完全的数字信号，这种信号的特点是接收与传播效果好，几乎没有损失。

数字电视经过长期的发展，取得了长足的进步，新的数字调制与传送技术都得到了突飞猛进的发展。

（二）IPTV

IPTV，其英文释文为交互式网络电视，即集Internet、广播电视网、多媒体技术、无线网络技术与人工智能技术为一身的一种新型电视传播技术。它可以向成千上万的家庭用户提供各种交互式的新型电视服务，包括数字电视、上网冲浪、电视电话等。而家庭用户获取IPTV服务的方式也包括两种：一种是通过传统的电视机加特制机顶盒的方式；另一种是走Internet，采用计算机加Modem的方式。无论哪种方式，都可以保证高速而流畅地获取IPTV服务，它不同于传统的有线电视与现在的数字电视，IPTV没有传统数字电视定时、单向、分制的技术限制，而且信号十分稳定，且不影响传播内容。

（三）移动电视

所谓移动电视，是指各种在移动场所，如出租车座椅后背、公交汽车上所设立的可以通过移动电视终端获取到电视信号并播放的一种新型电视应用。但更加广义的概念则为任何以移动方式或者移动终端获取到电视节目的技术，包括了iPad上的电视以及各种手机电视。经典的移动电视也如在电梯口设置的电视、高铁站上的LED电视等。

移动电视的原理主要是通过卫星、地面接收塔等向移动电视传播实时电视节目。主要的传播手段有地面基站发送信号、手持数字视频广播技术、卫星信号传输。

三、音频信号监测技术

随着各级广播电台广播业务的不断发展，广播音频业务的覆盖范围和用户规模不断扩大，广播已成为宣传和娱乐的最便捷和最普及的方式，并且音频广播也是我国信息化建设的重要组成部分。国家新闻出版广电总局早已把广播音频的安全播出工程作为广电部门的重要内容。

自然界产生的和人耳听到的音频信号都是模拟音频信号，但是对模拟音频信号的采集、存储、传输等处理极易引入噪声和导致信号失真。随着处理数据的增多音频信号的质量会越来越差，为了减少音频信号的噪声干扰和扩大音频信号的动态范围，模拟音频信号的数字化已成为音频处理的常用技术手段。

音频信号的数字化就是将连续的模拟音频信号通过采样、量化和编码转换为离散的数字音频信号。采样就是对模拟信号在时间上进行离散化的处理，每隔一定的时间抽取一个瞬时幅度值，每秒内抽取的次数称为采样频率。量化就是对采样得到的值在幅度上进行离散化处理，每一个幅度值对应一个量化区间，每个量化区间所用的比特数称为量化深度。编码就是将采样和量化之后的离散时间上的离散幅度信号转换为数字编码脉冲，采样频率与量化深度的乘积称为数码率。采样频率越高，量化深度越大，数字化的数码率就越大，音频传输带宽就越宽。

专业广播数字音频 AES/EBU（又称作 AES3）是由音频工程协会和欧洲广播联盟一起制定的音频标准。在专业音频设备中，AES3 通常采用双绞线来实现数字音频的均衡串行传输，提供了左右两个声道，最高可支持 24bit 的音频数据。AES3 本身还具有信道自同步。

数字音频信号 AES3 采用了“双相位”的编码方式，在音频信号的传输流中包含了时钟信息，因此 AES3 的音频接收端可以从音频流中恢复出音频信号的时钟，防止时钟同步的丢失。在双相位的编码方式中，每位信息编码信号波形的开始有一次跳变称作位跳变，每位信息编码信号波形的中间有一次跳变称作相跳变，每一位中只有位跳变的表示逻辑 0，既有位跳变又有相跳变的表示逻辑 1。

广播电台直播转播的节目数量和节目套数在急剧增加，广播音频信号编码的格式、存储的介质和传输的方式也趋于多样化，再加上音频传输信号的衰减和外界噪声的串扰，使得音频信号和音频文件经常出现误码、爆音等现象，严重影响了音频信号的质量。广播电台对音频广播节目的技术指标和参数缺乏科学有效的统筹，不能对音频信号和音频文件进行合理高效的质量监测和预警，将给广播音频的安全播出工作带来严重隐患。

各级广电中心和音频设备制造商结合国家新闻出版广电总局发布的《广播电台数字化网络化建设白皮书》，仔细分析影响音频信号质量的技术因素，开展了音频信号质量监测、监控方法的研究，掀起了音频信号监测系统网络化和智能化改造的热潮。所谓的网络化就是通过网络对音频信号进行分布式和集中式监测的同时能够实现监测参数的网络共享和音频信号的网络监听；所谓的智能化就是对音频信号不仅是简单的幅度显示还要能够对信号的相位、AES/EBU 音频流和载波电平等参数进行智能判断和错误状态的报警。基于网络化和智能化的音频信号监测系统正逐渐成为当前音频信号监测系统的主流方案。

在音频节目的采集、制作、播出和分配环节中利用音频信号监测系统对音频信号质量进行实时监测。监测系统不仅可以实时地监测当前音频的相关参数还可以在超过设定的参数阈值和出现错误状态时发出报警标识，从而为广播电台的高质量节目播出提供了有力保障。音频信号监测系统对广播间的直播信号、转播信号以及信号传输线路中的关键点信号既可以进行本机的分布式监测，又可以利用监测终端通过网络通信进行远程的音频监测参数的获取和报警标识的共享以实现集中式监测；音频信号监测系统还可以用于音频设备的检测，通过监测系统得到的音频设备输出音频的参数可以反映出音频处理设备的信号播放质量，从而便于对其进行相应的调试、设置、校正和维护。

在广电技术快速发展的今天，音视频信号已成为人们获取信息的主要方式，而人们通过视觉获取的信息量远大于听觉。目前国内广电行业主要集中在视频信号的监测领域，而专用于音频信号的监测设备相对较少，并且音频监测设备的设计方案和监测指标的差别比较大。

目前音视频处理系统的研发生产主要集中在欧美地区，像瑞士的NAGRA、西班牙的 AEQ、德国的 DIGIGRAM 以及北京博汇科技和杭州联汇科技都是著名的音频设备研发机构。各研发机构将计算机技术、网络通信技术、数字信号处理技术和音频信号处理技术相结合，在音频信号监测领域进行了大量的研发与设计，下面从监测内容和设计方案两个方面详细介绍了当前音频信号监测系统的发展现状。

（一）音频信号监测系统的监测内容

完整的音频信号监测系统的监测内容包括以下三个方面。

1. 音频信号的载波监测

音频信号的载波监测实现了串行音频传输信号物理层的监测，它将直接影响音频信号的质量。当前监测系统的载波监测大部分局限于音频信号的载波电平的监测，对串行信号物理层载波的监测方法通常采用眼图分析。有文献曾介绍了串行信号的眼图和抖动的测量原理，实现了串行数字信号的载波分析，但是尚未将其应用于音频信号的载波监测。

2. 音频信号的参数监测

音频信号的参数监测包括音频信号的幅度、相位、响度和 AES 状态等。有文献曾介绍了音频信号的幅度、相位和频谱等参数的测量和分析，由于响度存在很大的个人主观性，响度监测存在一定的难度，国外部分监测系统中已经实现了音频信号响度测量，但是国内进行响度测量的设备很少。

3. 音频信号的内容监测

音频信号的内容监测主要指音频信号噪声、干扰等语意监测。有文献曾介绍了音频的内容监测，采用基于音频数据数值分析的方法实现了音频信号的噪声检测。目前对音频信号内容的监测主要集中在对现成的音频文件进行分析，而对传输音频流的内容监测相对比较少，音频信号的内容监测是音频监测系统的一个发展趋势。

（二）音频信号监测系统的设计方案

音频信号监测系统的设计方案主要包括以下三种。

1. 集中式的音频信号监测系统设计

集中式音频信号监测系统利用计算机作为音频信号的监测平台，专业声卡负责音频信号的采集，专用软件负责音频信号的测量分析。其优点在于硬件平台的通用性和音频处理算法的成熟性，不需要根据监测需求定制硬件设计方案，并且音频处理模块算法易于升级；其缺点在于计算机的专业声卡数量有限，并且所有的监测信号都传输到监测系统，增加了音频传输线路布局的复杂性。有学者介绍了一种基于 LabVIEW 和专用声卡的音频信号分析系统，利用计算机专用声卡采集所要监测的音频信号，在 LabVIEW 平台上设计实现了音频信号分析系统，从而完成对音频信号的分析和监测。

2. 分布式的音频信号监测系统设计

分布式的音频信号监测系统利用嵌入式 DSP 或 FPGA 作为硬件平台，通过专用芯片实现音频信号的采集，在嵌入式平台上对音频信号进行实时测量分析。其优点在于灵活性强和成本低，缺点在于音频信号的测量分析的能力相对较差，只实现了音频信号常见的指标参数的本机监测。有专家介绍了一种基于 FPGA 的音频信号的监测系统，利用 FPGA 来处理数字音频信号，实现音频信号的分析和监测。有专家介绍了一种基于 DSP 的音频信号监测系统，利用 DSP 进行音频信号的幅度和相位监测。

3. 网络化智能化的音频信号监测系统设计

网络化智能化的监测系统利用微控制器和音频处理器等多种处理器组合的硬件平台，其中音频处理器实现音频信号的实时测量与分析，微控制器实现音频监测系统的智能化控制和网络化通信。其优点在于灵活性强，具有较强的音频信号的测量分析能力，可实现远程监测终端的实时通信。有文献介绍了一种基于网络的音视频信号监测系统的设计方案，通过 Web 进行音视频传输流的网络化的实时监测。有专家介绍了一种基于“FPGA+DSP”的音频监测系统的设计方案，FPGA 用于实现音频信号的采集和传输以及系统的控制和通信，DSP 用于实现音频信号的处理和分析。

通过以上的分析可知，音频监测内容从单一的参数监测逐渐变为从音频载波到音频内容的系统监测，音频监测设计方案从集中式与分布式监测逐渐变为网络化智能化的监测。

第四节　新媒体技术的应用

一、云计算及其在广播电视中的应用

云计算是传统计算机与网络技术发展融合的产物。1961 年，美国计算机科学家约翰•麦卡锡提出了把计算能力作为一种像水和电一样的公用事业提供给用户的理念。2011 年，美国国家标准和技术研究院提出了云计算的概念，认为云计算是一种资源管理模式，能以广泛、便利、按需的方式通过网络访问实现基础资源（如网络、服务器、存储器、应用和服务）的快速、高效、自动化配置与管理。“云”是网络、互联网的一种比喻性说法。“狭义云计算”指信息技术基础设施的交付和使用模式，指通过网络以按需、易扩

展的方式获得所需资源。“广义云计算”指服务的交付和使用模式，指通过网络以按需、易扩展的方式获得所需服务。云技术的基本特征是虚拟化和分布式，其中虚拟化技术将计算机资源，如服务器、网络、内存以及存储等予以抽象、转换后呈现，使用户可以更好地应用这些资源，而且不受现有资源的物理形态和地域等条件的限制。分布式网络存储技术将数据分散地存储于多台独立的机器设备上，利用多台存储服务器分担存储负荷，不但解决了传统集中式存储系统中单存储服务器的瓶颈问题，还提高了系统的可靠性、可用性和拓展性。云计算被普遍认为具有三个特点：虚拟化、超大规模和高扩张性。云计算技术包括的具体内容有数据存储技术、数据处理技术和虚拟化技术。

云技术在电视领域具有广泛的应用前景，尤其在节目存储和内容分发方面。麦肯锡全球研究院认为，未来十年里有 12 项对经济发展产生重大影响的技术，其中包括三项新媒体技术：移动互联网、物联网和云计算。这三项新媒体技术都与大数据密切相关，而这些新媒体、新技术的发展都影响着当今的传播业。与传统内容分发技术相比，云技术对于提升节目传输速度、节约成本和改进商业模式都具有重要作用。有人预计，在未来，所有的节目内容都将存储在云端。这可以协助未来的智能应用更好地摆脱硬件的束缚，让很小巧乃至微型的终端，都可以具有高超快速的计算能力，从而实现真正的智能社会。与此同时，随着云技术的发展，电视播出方式正在变革。相比传统的内容分发技术，云技术在支持多屏播出和互动业务等方面具有显著的优势。目前，云电视已经应用在了电视渠道运营的实际业务中。2013 年 6 月，麦吉利公司开始在德国进行试运行。麦吉利公司是一家基于云技术的电视渠道运营商，2013 年 3 月在瑞典正式投入运营。用户可以通过电视机、智能手机、平板电脑或个人电脑等终端从云端收看直播电视频道，同时还可以使用录制回放、视频点播等功能。

二、大数据及其在广播电视中的应用

大数据，简单而言，就是基于对海量用户数据的挖掘发现具有相关性的线索，并以这些线索为基础实现判断。大数据时代，人类行为的数字化痕迹形成了基于个体行为、组织机构、社会关系的巨量数据信息，并以前所未有的速度与规模增长、聚集。2012 年 6 月 8 日，美国白宫在其官方网站上正式发布“大数据研发计划”，将大数据视为“未来的新石油”，并将对数据的占有和控制作为等同于陆权、海权和空权之外的另一种核心国家能力。大数据技术的战略意义不在于掌握庞大的数据信息，而在于对这些含有意义的数据进行专业处理。如果把大数据比作一种产业，那么这种产业实现盈利的关键在于提高对数据的加工能力，通过加工实现数据的增值。大数据已经进入了人类社会和生活的方方面面，也深刻影响了电视业，包括节目策划、制作、收视调查等方方面面。电视业运用大数据可以在以下几个方面实现突破：小样本取样转为大数据取样，以提高收视率的准确度；电视节目的选题制定依靠大数据，与受众产生更多共鸣；建立媒资库，开通网络视频网站，积累大数据资源。舍恩伯格指出，大数据时代传播的思维必须实现从随机样本到全数据、从精准性到混杂性、从因果关系到相关关系的转变。

在电视业中，传统的收视数据分析大多在评估阶段发挥作用。在大数据时代，数据的使用扩展到产业链的各个环节。《大数据时代》作者舍恩伯格认为，大数据的核心是预测，电视机构应当利用数据来定位不同的观众群体，分析、预测不同观众群体的内容偏好和收视习惯，从而制作和传播相应节目。2012 年风靡全球的《纸牌屋》的策划、演员选择和编剧工作就是美国在线影片租赁服务商根据用户在线收看网络视频的数据完成的。从《纸牌屋》的成功来看，大数据需要电视节目向网络视频迈进——网络视频能够产生比电视节目更多的收看数据，制作方可以据此做出更具价值的判断。2015 年，美国探索传播集团开始借助大数据研究观众收视行为，与 Civis 公司合作开展观众传统开路收视行为和网络收视行为的分析研究。该集团希望通过大数据分析，有效提升基于数据分析的决策能力，并增强预测分析能力，包括目标分析、收视率预测、市场投资优化等。Civis 公司位于芝加哥和华盛顿，创办于 2013 年，首席执行官是瓦格纳。瓦格纳在 2012 年美国总统大选期间担任奥巴马的首席分析官。美国自由媒体环球集团将大数据概念应用到管理架构上，在 2015 年 4 月组建了大数据商务部，着力拓展大数据商机以及新的广告模式，优化盈利模式。约翰•保罗被任命为该部门经理，直接向董事长和首席执行官迈克•福瑞斯以及首席技术官巴兰•奈尔报告工作。他此前在澳大利亚多个媒体机构任职，负责新项目的研发与实施。大数据及相关技术不仅有助于媒体机构优化商业模式，还有利于整个电视产业的转型。

三、虚拟现实技术及其在广播电视中的应用

虚拟现实技术，是指通过利用计算机技术以及各种交互手段，达到用户沉浸、自由交互以及构想场景的效果，可以充分对人的视觉、听觉以及触觉进行模拟感知，具有广阔的应用前景。它也是新媒体技术的最前沿核心技术之一。

虚拟现实中的数据巨大，要用在电视领域中，人机之间信息畅通沟通成为难题。为了提高可视环境对用户的适应能力，将人引入信息处理环路，形成多通道人机交互模型及多模态信息的整合和分解；研究个性化新颖交互技术、力/触觉交互技术及基于软、硬件的多通道立体展示技术。

要想将虚拟现实和电视应用结合起来，首先要增大人机信息交换带宽，并以高沉浸感增强逼真性。其次要基于软、硬件两方面研究并研发多通道大屏幕立体高分辨率显示展示技术，研究并开发面向此类高信息量环境的人机和谐交互技术。最后要开发多通道无缝拼接立体显示软硬件设备，人机交互软硬件平台。具体应研究如下几个关键技术。几何校正：保证多投影显示屏幕画面的几何完整性。研究自动集合校正算法，借助于某种图像采集设备构造反馈支路以便捕获组成多投影显示墙的投影仪之间的相对位置关系，并根据这种关系预先调整投影前的图像，从而实现不同投影仪画面之间的几何对齐。此时投影仪的摆放无须精确测量，只需保证相邻投影仪有一定的重叠区域即可。颜色校正：消除组成多投影显示屏幕的投影仪之间的亮度和颜色差异，实现相邻投影之间的亮度和颜色均匀过渡。这需要测量每台投影的亮度响应曲线，即建立每台投影仪的颜色模型。实现相邻投影仪画面之间的光滑过渡，在消除投影仪的亮度和颜色差异之后，通过线性过渡即可实现。

除视觉通道以外，尽量高效利用其他的感知通道如声觉、力触觉等，来提高用户交互效率。研究虚拟手和力反馈设施等。

四、远程通信技术及其在广播电视中的应用

（一）远程通信技术

远程通信出现于 1945 年前后，真正快速发展是在 20 世纪 80 年代。从技术的角度看，它在早期是计算机应用远程化的必经阶段，目前则代表了网络互联的根本趋势。

（二）三网融合

对广播电视起着重要推动作用的远程通信技术的应用是三网融合。

“三网融合”又叫“三网合一”，意指电信网、有线电视网和计算机通信网的相互渗透、互相兼容。“三网融合”是为了实现网络资源的共享，避免低水平的重复建设，是适应性广、容易维护、费用低的多媒体基础平台。其表现为技术上趋向一致，网络上可以实现互联互通，业务上互相渗透和交叉，应用上趋向使用统一的 IP 协议，在经营上互相竞争、互相合作，朝着向

人类提供多样化、多媒体化、个性化服务的同一目标逐渐交汇在一起，行业管制和政策方面也逐渐趋向统一。

三大产业融合前的竞争，不同角度和层次上分析，可以涉及技术融合、业务融合、行业融合、终端融合及网络融合。

数字技术的迅速发展和全面采用，使电话、数据和图像信号都可以通过统一的编码进行传输和交换，所有业务在网络中都将成为统一的“0”或“1”的比特流。

光通信技术的发展，为综合传送各种业务信息提供了必要的带宽和传输高质量。

软件技术的发展使得三大网络及其终端都通过软件变更，最终支持各种用户所需的特性、功能和业务。

统一的 TCP/IP 协议的普遍采用，将使各种以 IP 为基础的业务都能在不同的网上实现互通。人类首次具有统一的为三大网都能接受的通信协议，从技术上为三网融合奠定了最坚实的基础。

远程通信是一个比较复杂的技术，应用在广播电视领域还有待开拓，尽管网络的介入，使远程通信得到了极大的应用，但这一技术的应用远没有走到尽头，还有更多更为有创意的应用有待人们去开发。

五、传感器与物联网技术在广播电视中的应用

（一）物联网与传感器的基本原理

物联网是新一代信息技术的重要组成部分，物联网就是物物相连的互联网。这有两层意思：第一，物联网的核心和基础仍然是互联网，它是在互联网基础上延伸和扩展的网络；第二，其用户端延伸和扩展到了任何物品与物品之间。因此，物联网的定义是通过射频识别、红外感应器、全球定位系统、激光扫描器等信息传感设备，按约定的协议，把任何物品与互联网相连接，进行信息交换和通信，以实现对物品的智能化识别、定位、跟踪、监控和管理的一种网络。

传感器是一种检测装置，能感受到被测量的信息，并能将通过检测所感受到的信息，按一定规律变换成电信号或其他所需形式的信息输出，以满足信息的传输、处理、存储、显示、记录和控制等要求。它是实现自动检测和自动控制的首要环节。它的定义是，“能感受规定的被测量并按照一定的规律转换成可用信号的器件或装置，通常由敏感元件和转换元件组成”。

按照其用途，传感器可分为力敏传感器、位置传感器、液面传感器、能

耗传感器、速度传感器、热敏传感器、加速度传感器、射线辐射传感器、振动传感器、湿敏传感器、磁敏传感器、气敏传感器、真空传感器、生物传感器等。

传感器是当前网络时代最基础的应用之一，也是物联网时期的前沿技术与核心技术。它是将人的动作与反应接入产品系统的中介与桥梁，是人的身体与产品之间的物理接触点，是人与产品发生联系的第一个步骤，是输入和输出的基础。因此，传感器可以被看成人机对话的第一介质，也是人与产品互动的重要基础组成部分。任何一个技术的应用都少不了传感器的介入，各种传感器更像人体功能的延伸。

（二）物联网感知技术

目前市场上的电视，不管是高端产品还是低端产品，最主要的功能还是播放电视节目。在这略显保守的电视广播领域，应用上物联网感知技术与语音合成技术，将带来前所未有的使用体验。电视能智能地根据坐在电视机前的人的年龄，如小孩还是老人，决定是播放电视剧还是动画片，并通过语音合成功能给不同的客户推荐不同的电视内容。对于父母，如何控制家中小孩每天看电视和上网的时间，已成了一个令人头疼的难题。特别是在漫长的寒暑假，物联网的电视会智能地识别小孩与电视的距离，当小孩观看电视的距离太近时，它会自动黑屏并停止播放，直到小孩处在适宜的距离之外才再次播放。同时，当家中孩子观看电视节目的时间过长时，家居物联网将通过家庭宽带等与家长的手机进行数据交互。家长编辑一条短信，或在网上编辑一条提示文本等，即可回传给家庭物联网网关，相对应的物联网则会在电视机上通过字符叠加模块进行文字滚动播报，并通过语音合成技术进行个性化语音警示："到了学习时间了，请马上关电视！"

随着物联网技术的推广，最终电视将不仅仅只有频道画面的显示功能。凭借着智能网络的融合伸展，用户可以自由地定义电视机的功能。电视终端通过记录家中主人的喜好，在启动时会自动地开启主人最喜欢的频道。同时，电视内容的提供商在得到使用者的同意后会对客户喜爱的内容进行统计，而针对客户的喜好推荐其爱好的电视内容，并通过语音合成技术来实现电视与客户的面对面的交流。语音合成技术将实现家电开口说话的能力，让家电能及时地将信息反馈给客户。例如，热水器的中部件损坏了，传感器件经过感知，与后台数据进行了交流，在家电通知中心驱动语音合成芯片来实现开口说话："热水器内胆故障，请联系售后解决此问题，离您最近的售后的电话为……"同时家电的售后部门会第一时间得知消息并从计算中心找到解决方案，并可通过云计算处理新突发的事件。实现家电开口说话的能力，只需要语音合成芯片或已经内置的语音合成软件即可。物联网技术将彻底改变家电的使用方式。而为了更好地提供家电的智能服务，语音合成技术在智能家电的应用中将成为必不可少的选项。

语音合成是通过机械的、电子的方法产生人造语音的技术。语音合成技术又称文语转换技术，隶属于语音合成，它是将计算机自己产生的，或外部输入的文字信息转变为可以听得懂的、流利的汉语的技术。

在新媒体技术的应用实践中，传感器在产品开发中的应用十分广泛，它就如同产品的感觉器官一样，感知外界的各种变化，让使用者产生一种错觉，好像产品似乎具有了生命一样。电视节目研发采用了传感器之后，相信会更加智能与人性化。

第三章　媒体融合

第一节　媒体融合的相关概念

一、媒体融合的定义

关于“媒体融合”的研究，最早是从西方国家开始的。1978 年，麻省理工学院教授尼古拉·尼葛洛庞蒂在《数字化生存》一书中提出了“媒体融合”的设想，他用一个图例演示了三个相互交叉的圆环趋于重叠的融合过程，表达了他对电脑业、印刷出版业以及广播电影业正在和即将趋于融合的远见卓识。

随后，美国新闻学会媒介研究中心正式将媒体融合定义为，“印刷的、音频的、视频的、互动性数字媒体组织之间的战略的、操作的、文化的联盟”。

应该说，西方学者把对“媒体融合”的研究铺展到了与媒介相关的主要方面，涉及媒介的外部环境和内部机制，也涉及媒介经营与新闻传播的各个角落。随着传播科技的不断更新，以及一些传媒集团跨媒介、跨行业、跨地区的深入发展，媒体融合引起了世界上许多国家学者的关注。

2005 年，中国人民大学新闻学院教授蔡雯在考察美国媒介发展状况时，把“媒体融合”概念引入中国并加以阐释。她指出，“媒体融合”不仅是指各种媒介（组织）之间的合作模式，还是各类型媒介通过新介质真正实现汇聚和融合的一种独立运行、流程完整、操作规范的新闻生产模式。

之后，“媒体融合”引起了国内学界和业界的诸多关注，相关的学术研究也逐渐增多，张宇光通过《美国媒体的融合》一文，指出了美国报纸、杂志、电视、图书出版等各行业的融合情况；孟建和赵元珂等在《媒介融合：粘聚并造就新型的媒介化社会》一文中对“媒体融合”概念进行了更系统的整理；彭兰则在《从新一代电子报刊看媒介融合走向》一文中，通过分析电子报刊的特点来反映媒体融合的发展方向；董小玉在《媒体融合时代高校新闻传播教师队伍建构》一文中对媒体融合下的高校传播学教学提出了设想，另有多位学者对这一领域进行了学术研究。

但由于中国业界对“媒体融合”的研究时间较短，所以，一直以来各界对“媒体融合”的研究，都集中在了“媒体融合”概念的定义和解读、国外媒体融合的运用情况、媒体融合给新闻带来的影响、媒体融合的功能等方面。

媒体融合正在不断地发生着，由于各种媒体融合还在尝试过程中，不论是报纸、网站、电台等跨媒介的融合，还是资本手段的融合，行政力量干预下的组织融合，抑或是新形势下的媒介形态融合，都存在不少有待解决的问题，有的甚至产生了“1+1 < 2”的结果。究其原因，当然受媒体本身的运作规律等的影响，但也与之前论证不足、缺乏经验有关。

二、媒体融合发展的重要意义

（一）有利于构建多渠道跨平台发布体系

媒体融合，不仅是指一体化采集、资源共享、多渠道发布，其更深层的意见还是指同一条新闻资源需要按照不同媒体的特点发布利用。建立传统纸媒与新媒体之间的合作关系，避免各渠道互相竞争。纸媒发布的重要新闻，要在网站同步推出专题栏目进行多维度报道。同样，网站发布的紧急新闻，纸媒次日要配合发布深化解读，以增加纸媒的阅读性。媒体融合是对新闻价值的延伸，有利于构建多渠道跨平台发布体系，各渠道应相辅相成，最大程度利用新闻资源。

媒体融合需要完整的系统集成技术来支撑，对软件、硬件、网络环境、网络安全、集成能力、研发能力要求很高。利用计算机应用技术、移动终端应用技术可以实现各媒体通道信息格式的自由转换。

（二）有利于完成新业务模式的流程再造

新业务模式需要配套更合理及多样化的绩效考核，传统纸媒与新媒体融合的过程也是核心价值再分配的过程。管理机制、绩效考核机制、激励机制等的配合决定着报社能否顺利完成媒体融合。媒体融合有利于完成新业务模式的流程再造，新业务模式能自然削弱传统纸媒与新媒体之间的壁垒。

增加网络媒体及移动终端通道，需要更强大的全媒体采编生产平台及全媒体编辑工具；需要建立全媒体广告系统，将传统纸媒广告、网站广告、移动新媒体广告监管起来；还需构建全媒体考核系统，等等。全媒体复合平台不仅能为报社人员提供迅速适应新业务流程的绿色通道，还能为广大受众提供更人性化的服务。

（三）有利于培养全媒体记者、编辑

媒体融合需要培养大量的全媒体编辑及全媒体记者，以完成全媒体复合平台的过渡，全面克服纸媒单一出版的短板。全媒体记者需要兼顾文字、图片、音视频的采集，全媒体编辑需要将信息资源通过多种渠道以相应的形态发布，并协同各个发布渠道完成深度报道。

三、媒体融合项目建设的主要内容

以全媒体采编生产平台建设为例加以说明。

（一）建设具备复合能力的内容生产平台

全媒体采编生产平台主要针对现有的编采系统及相关流程配套系统进行升级，主要体现在内容版面校对、版面制作、安全出版、字库应用等多个方面。

该平台的建设可针对报社的实际应用需求，切实帮助报社一线编采业务人员做到移动办公作业；在整体应用过程中可提高新闻内容资源的采集、加工、审核、编辑、流转、发布的工作处理效率，并使报社的流程管理具有高度的协调性和统一性。

（二）建设数字资产数据库

数字资产数据库包括内容数据资源库、客户数据库、渠道资源库等。数字资产都归报社统一归档，为加强安全管理，根据用户等级和职能给予一定权限，在数据安全的前提下发挥数据的价值。

总之，传统纸媒的发布周期、传播速度、覆盖效果已远远落后于网络的文、图、音视频一体化的传播，平面媒体的文字内容在新闻表现上的说服力不断被图片、视频和音频所超越，一些国外知名媒体陆续宣布退出纸媒竞争，一些传统媒体的电子版或多媒体版本已经开始盈利。

越来越多的事实证明，在资源获取、生产加工乃至快速有效传播等诸多方面，固守单一纸质形态的平面媒体早已显得捉襟见肘，唯有朝全媒体方向发展，拓展不同的客户和不同的数据内容才能挽救纸媒颓势并助其产生新的增长点。

向全媒体转型是报业行业整体的一场深刻变革。全媒体的战略核心是以内容为主导、以受众为中心、以技术为驱动，通过追求多样的传播渠道和媒介形态，用立体化、多元化的成品扩大受众覆盖面。报业行业需要从内容提供商向信息运营商转型，从传统纸媒运营向全媒体运营转型。唯有从发展理

念、企业机制，到生产、传播、营运进行一场全面改革，才能让传统媒体真正重占高地。

因此，若想在全国甚至全球媒体的生存竞争中保持不败并争取领先，各报业集团必须刻不容缓地向全媒体形态进发。可以说全媒体多渠道内容覆盖是传统媒体的转型方向，也是传统媒体的未来。

第二节　国内外媒体融合的情况

一、国外媒体融合的情况

国外出现大规模的媒体融合始于20世纪80年代。1987年，世界上第一家网络报纸——美国的《圣何塞信使报》把报纸上的内容悉数搬上了网络，开始了报纸和网络的融合之路。1994年，“美国之音”成为第一个与网络连接的广播电台，采用了在线直播、网络点播等方式，实现了媒体内容在广播与网络领域的融合。

在解决了网络与报纸、广播融合的技术问题后，行业间不准互相进入的政策成为制约各媒体间进一步融合的重要诱因。于是，在各方的呼唤下，1996年美国《电信法》通过，允许电信公司和有限电视网互相进入；同时，法国、意大利、德国等欧洲国家分别颁布法律，取消了对广播领域的国营垄断。

政策的松绑，加上技术的进步，加速了媒体融合的进度。此后，全球范围内掀起了又一次传媒并购浪潮。根据美国证券数据公司的统计，1986～1990年，美国有400个独立电视台和电台在产权市场上被出售，等于全美75%的电视台被交换了一次所有权。1993～1994年，又有200个以上的电视台进入产权市场，经历了产权并购和重组的过程。索尼公司买走了美国哥伦比亚广播公司（CBS），美国全国广播公司（NBC）被通用纳入旗下。

差不多同时期，迪士尼公司以190亿美元兼并美国广播公司（ABC），一下子拥有了10家电视台、21个电台无限频道出口和7份日报，使得迪士尼的动画片以及电视节目制作与ABC广播电视网络的传播能力有效地结合在了一起，也为迪士尼的全球扩张战略提供了很好的宣传平台。正是在吃到融合甜头的基础上，6年后，迪士尼又花费53亿美元收购了福克斯家庭频道，使迪士尼增加了新的有线电视频道和1亿以上的新观众。

世界十大传媒集团之一的维旺迪也是从1996开始发家的。之前它只是法国的一家水务公司，但这一年新总裁梅西尔上任后，看到各国都在出台对媒体产业的扶持政策，遂把媒介和通信作为未来的主营方向。先后参股了最古老通讯社哈瓦斯集团 29.3% 的股份，收购了波兰移动电话和有线运营商公司，并购了西格拉姆、Canal+ 集团，最终成为拥有电视、电信、出版、电影等多领域业务的全球传媒公司，2006 年年收入达到 200.44 亿欧元。类似的并购和融合案例在其他世界著名大传媒集团之间不断发生着：1996 年，贝塔斯曼集团参与成立了德国第二大网络供应商公司；1999 年，维亚康母公司出资 350 亿美元兼并 CBS；2000 年，美国在线以 1620 亿美元并购时代华纳，世界上最大传媒公司——美国在线—时代华纳横空出世。

进入 21 世纪，随着互联网和数字技术的迅猛发展，完成了跨行业、跨地区并购的国外传媒集团，开始把视角转向媒介形态融合。索尼公司，希望在智能手机上做出尝试。2000 年，媒介综合集团投资 4000 万美元在佛州坦帕市建造了一座传媒大厦，取名“坦帕新闻中心”，将属下《坦帕论坛报》及其网站 Tampa Bay Online、电视台 WFLA-TV 和集团网站 TMO.com 的编辑部门全部搬进去，设立“多媒体新闻总编辑”岗位，统管三类媒介的新闻报道，被统一管理的编前策划会使三类媒介在新闻采编方面实现联动。

从世界几大传媒集团的发展史和欧美传媒的发展现状不难看出，国外的媒体融合大多经历了一个从单一媒介合并到资本横向并购，再到跨媒体集团组建的过程。当报刊、广播、电视、互联网、手机、播客、IPTV 等所依赖的技术越来越趋同时，以数字为技术，使各种信息在数字化平台上充分整合的媒介形态融合正在到来，它宣告的也是媒体融合最高阶段的到来，而媒体融合也将成为世界范围内传媒集团的共同命题和方向。

二、中国媒体融合的情况

中国的媒体融合，与欧美国家的有相似之处，也经历了从单一媒介到跨媒介，再到跨地区集团发展的过程。但因为有着计划经济烙印和行政管制的因素，其间多了一个组织融合的过程。整个融合过程，起始于单个报业集团的组建。

20 世纪 90 年代，在经历了新闻体制改革和国际交流后，中国报界和理论界开始把目光聚焦到组建报业集团上。《人民日报》《光明日报》《解放日报》等多家报纸分别在各种场合，公开或半公开地表示希望将来能组建自己的报业集团。主管部门也希望通过组建报业集团，实现“控制总量，调整结构，提高质量，增进效益”。

在“上下共谋”下，1996 年 1 月，中共中央宣传部同意，国家新闻出版署批准，中国第一家报业集团——广州日报报业集团正式挂牌。这宣告了中国传媒业由单一的媒介发展向媒介集团化发展。两年以后，《南方日报》《羊城晚报》《光明日报》《经济日报》等国内有点影响力的大报纷纷组建自己的报业集团。到了2002年，几乎大部分省市都成立了各种形式的报业集团，像上海这样的直辖市拥有了2家以上的报业集团。截至2014年底，经国家新闻出版总署批准成立的报业集团已达40家，由地方宣布成立的报业集团估计也有20多家。

当报业轰轰烈烈忙着合并、调整和成立报业集团时，中国的另一重要传媒产业——电视业也没闲着，各地电视机构纷纷以电视台为首联合电台、电影厂等，开始筹备成立广播电视集团，乃至广播电视影视集团，实现了广播、电视、影视等多媒介、多产业的融合。

1999年，第一家广电集团——无锡广播电视集团成立，同年11月，国务院办公厅转发信息产业部和国家广电总局《关于加强广播电视有线网络建设管理的意见》，提出了“电视与广播、有线与无线合并”。有了政策的扶持，各地加速了广电集团的组建，2000年11月27日，我国首家省级广播影视集团——湖南广播影视集团挂牌成立，“电视湘军”的迅速崛起成为中国电视产业化进程中的一道亮丽风景线。山东、浙江、江苏、北京、上海等省市的广电集团随后成立。

2001年，经党中央、国务院批准，我国规模最大的新闻传媒集团——中国广播影视集团成立，旗下拥有广播、电视、电影、传输网络、互联网站、报刊出版、影视艺术等多方面业务，固定资产超过200亿人民币，年收入110亿元。该集团的成立也把单个广电集团组建推向高潮，到了2004年，国家新闻出版广电总局原则上不再批准新的广电集团成立。

在单一媒体融合成媒体集团的过程中，伴随着中国网络化进程的加快和数字出版技术的提高，中国媒体产业还穿插着报网共建、电台与网站组合等形式。1995年，教育部主管的《神州学人》杂志和《中国贸易报》纷纷创办网络版，开启了报网融合的先河，之后国内报纸相继开通了网络版。2000年，《北京日报》等9家媒体共同成立的“千龙网”新闻网站，以及上海多家媒体联合创办的“东方网”新闻网站，是传统媒体与网络媒体进一步融合的尝试，实现了报纸、广播、电视等传统媒体内容在网站平台上的共享。

近年来，媒体融合的手段更加丰富多彩，出现了终端上的各种媒介的大融合，如手机电视、手机报、手机小说等，中国媒体融合正在翻开新的一页。

相信随着传播手段的不断改进和文化出版体制改革的深入，我国的媒体融合必将会取得更大的成绩。

三、媒体融合的常见模式

关于媒体融合模式的分类，从“媒体融合”概念诞生之日起就一直处在不断的争论和完善中。国外学者对媒体融合讲述较多的分类方法主要为以下3种。

①戈凳分类法：由美国西北大学教授戈登于2003年提出，他归纳了美国当时存在的5种“媒体融合”的现象，即所有权融合、策略性融合、结构性融合、信息采集融合和新闻表达融合。

②戴默分类法：由在美国鲍尔州立大学任教的戴默等几位学者提出，他们把媒体融合分为以下5种模式：交互推广、克隆、合竞、内容分享、融合。

③语境分类法：美国西北大学麦迪尔新闻学院教授李奇·高登把媒体融合的方式和含义做了6大分类：媒体科技融合、媒体所有权合并、媒体战术性联合、媒体组织结构性融合、新闻采访技能融合和新闻叙述形式融合。

中国媒体融合由于起步较晚，在模式分类上大多借用国外这几类分类方法，但在具体表述上并不统一。

其实，“媒体融合”的概念应该包括狭义和广义两种，狭义的媒体融合一般指“媒介聚合”，即将不同的媒介形态融合在一起，形成一种新的媒介形态；而广义的“媒体融合”范围广阔，包括一切媒介及其有关要素的结合、汇聚甚至融合，不仅包括媒介形态的融合，还包括媒介功能、传播手段、所有权、组织结构等要素的融合。所以，从这个意义上来说，上述的媒体融合分类都有其道理，只是分类标准不同而已。

第三节　媒体融合与相关案例分析

本节以广州日报报业集团为例做深入研究，广州日报历经媒体融合的四个阶段，而且在内容与经营两个方面都融入了大数据思维。

一、广州日报报业集团转型的背景

（一）顺应向全媒体转型的发展趋势

随着新媒体的迅速发展，传统媒体所面临的挑战日益严峻。从传统平面媒体报业集团向全媒体信息化集团转型成了广州日报报业集团的必经之路。

1. 媒介日趋融合，全媒体时代到来

新媒体迅猛发展，层出不穷，在国家三网融合政策的引导及支持下，各个媒体之间的界限逐渐模糊，融合趋势日渐明显。

2. 国家相关政策的扶持

目前，国家设立了文化产业资金，大力支持优势媒体率先进行媒体融合转型。作为国内领先的平面媒体集团，在我国相关的政策推动和支持下，应该充分利用此机遇，快速地实现跨越式发展。

（二）迎接新媒体对传统媒体的冲击

近年来，报刊、广电、户外媒体三分天下的态势被打破，网络媒体以及移动媒体强力冲击市场，传统媒体在新闻领域的受众锐减，纸媒印量严重下滑，广告收入呈断崖式下降，传统媒体必须迎接新媒体对自身的冲击，顺势向全媒体转型。网易、搜狐、腾讯、百度等新媒体巨头都成功地推出新闻客户端，而使用的新闻资讯都源于传统媒体。新媒体巨头汇集各家原创资源，内容丰富、发布及时、覆盖面广。青年人的阅读习惯侧重于新媒体方式，移动终端即可满足其信息需求。

（三）确定转型目标

广州日报报业集团转型的目标是确保传统纸媒平稳发展，同时实现从以往规模性经济向影响力型经济的快速转型，利用报社公信力的优势，尝试全面发展新媒体业务及第三产业。

二、广州日报报业集团转型成功的因素

（一）舆情监测管理系统的建立

互联网已经成为各类庞杂信息的最大入口和出口，不法分子通过互联网等新媒体造谣传谣、损害公共利益、侵害公民合法权益、破坏社会和谐稳定，尤其是境外互联网用户通过我国境内的微博制造散布谣言的问题十分突出。

舆情监测管理系统具备信息超级搜索、热点自动发现、舆情快速报告等功能，通过定向采集和全网监控两种方式对互联网信息进行全面采集，可以准确获知互联网上的各种舆情信息，并为相关决策机构提供研判依据。舆情监测管理系统的建立使广州日报报业集团在舆情监控研判方面，成为市网管办的有力辅助。

（二）全媒体新闻采编综合业务系统的建立

近年来，某机构对网民特征进行分析得出：20 岁至 49 岁的网民占总网民人数的 67.7%，青年群体已成为中国网民的中坚力量。广州日报及各子报的读者群体也都为青年群体。广州日报报业集团由于建立了主媒体新闻采编综合业务系统，目前在资源获取、生产加工乃至快速有效传播等诸多方面，已挽救了纸媒颓势并助其产生了新的增长点。

广州日报报业集团借助该系统，打造了招揽青年精英的新平台，形成了宣传主流思想、引导青年群体健康发展的新渠道。

（三）新媒体及客户数据平台的建立

近年来，以报纸为主要代表的纸质媒体的发展速度趋缓。在一些欧美国家，一些报社已停止发行印刷版而只出电子版。有人预言，报纸将在 20 年内消亡。

新媒体及客户数据平台的建立，如数字告示系统、移动阅读系统等帮助广州日报报业集团实现了新闻传播从第一时间采编到第一时间发表及实时滚动播报的转变。

广州日报发展至今，已经形成了纸媒、网媒、掌媒等多种形式的综合信息发布渠道。

（四）本地化客户服务平台的建立

面临持续的经营压力，报社急于寻找广告之外的其他收入来源。如何依托已有的读者资源和优质的品牌资源，开展多样化与差异化的经营是现阶段报社着重研究的领域。本地化客户服务平台的建立为报社改善依赖广告单一收入来源的不合理经营结构提供了方向，方案设计充分考虑了报社已有的读者资源和品牌资源优势，为报社提供了基于服务本地用户的可持续发展方案。网络和新媒体正不断冲击着报社的经营，但本地化细分用户市场是目前网络和新媒体无法到达的领域，报社在此领域有着得天独厚的优势。该平台的建立为广州日报及报业集团创收奠定基础。

（五）全媒体广告业务系统的建立

全媒体广告业务系统的建立帮助广州日报报业集团适应了近年来广告业务环境变化所带来的业务流程的变化。

全媒体广告业务系统支持纸媒广告、网站广告、移动阅读广告、微博微信广告、户外大屏广告等统一管理，并支持套餐销售模式。

第四节　中国媒体融合的模式及其应用情况

从发展的角度来看，中国传统媒体与新媒体融合有 4 种常见形式，即组织融合、资本融合、传播手段融合和媒介形态融合。

一、组织融合模式及其应用情况

（一）组织融合的定义及应用现状

组织融合是指依靠外部的力量（如行政力量）使媒体个体结合成一个共同体，成立的是单媒体的集团，如报业集团、广电集团等。这种结合是媒体融合的初级阶段。

纵观这些报业集团组合的情况无非为两种形式：第一种为“体内循环”，即在自身的报业体系中运作、逐步发展壮大，并成立报业集团，如光明日报报业集团、经济日报报业集团、南方日报报业集团、羊城晚报报业集团等；第二种为“体外组合”，即由 2 家以上报社联合成立报业集团，如文汇新民联合报业集团、深圳特区报业集团等。

虽然目前采取“体内循环”融合的集团要远大于“体外组合”，但这 2 种媒体融合都逃脱不了行政力量的干预，这是从成立报业集团那刻起就已经决定了的。国家新闻出版署出台的《关于书报刊音像出版单位成立集团问题的通知》明确规定：“一是目前只做少量试点，不能一哄而起；二是不组织股份报业机构；三是不吸收与报纸无关的企业、商业参加；四是不组织跨省区集团；五是报社组建集团要写出论证报告，报总署审批。”

“新民夜报，夜饭吃饱”，20 世纪 90 年代，《新民晚报》在上海滩家喻户晓且效益颇丰，当看到外地都在成立报业集团时，他们也召开了“战略发展研讨会”，准备独自成立一家媒体集团。正当该报职工对报业发展做着宏伟构想时，时任市委领导对传媒整合也有了规划——让《新民晚报》与《文汇报》成立一个联合报业集团。在《新民晚报 70 年史：组建文汇新民联合报业集团》一文中对此有很明确的描述：“尽管本来已经打算筹建独家报业集团的《新民晚报》职工，对这几乎没有思想准备。但距《新民晚报》开过研讨会 10 多天后，时任市委主管领导就到报社做了现场办公，正式宣布将成立文汇新民联合报业集团。”可见，行政干预式的组织融合是中国报业集团发展的一个重要阶段，这种情况也同样反映在广电集团和出版集团的组建中。

第一家成立的广电集团——无锡广播电视集团就是在无锡当地政府的支

持下进行的试点。此后，政府主管部门还特别出台了鼓励组建广电集团的规定，国务院办公厅在转发信息产业部和国家新闻出版广电总局《关于加强广播电视有线网络建设管理的意见》中，明确提出“电视与广播、有线与无线合并”。1年后，湖南等地纷纷在地方政府和主管部门的支持下成立自己的广电集团。

中国传媒的集团化离不开行政力量，组织融合贯彻始终。这也可以从另外一个侧面来印证。2003年，随着文化体制改革的实行，国家新闻出版广电总局随即在2004年宣布不再审批新的事业性广电集团，新闻出版总署也放慢了对报业集团的审批。

这一年成了中国传媒融合的一道分水岭，之后，完成初始媒体融合的许多传媒集团，开始向媒体融合的第二、第三阶段进军，向“跨媒体”“跨地区”“跨行业”延伸，以应对入世后可能出现的西方媒体竞争的命题。

（二）组织融合的优势

从传媒经济学的角度来考量，媒体融合是以产业融合为背景的，媒体融合的经济动因在于对获得规模经济和范围经济效应的现实期待。组织融合可以在原有媒体的基础上，以集团组建为契机，利用集团规模化的效应，进行资产重组、资源整合，争取效益的最大化。具体来说，至少具有以下三个方面的优势。

1. 优化资源组合，获得规模经济

媒体资源总是有限的，组织融合可以实现媒体资源的最大优化，获得规模经济。首先，组织融合后的媒体集团，可以在人才资源、财力资源、物资资源、信息资源和受众资源等方面进行整体调配，降低统一购买原材料（如报社纸张、摄像器材、排版设备等）的价格，强化媒体在整个市场中的议价实力；其次，可以扩大印刷、物流、演播室等运作空间，降低空耗和避免重复建设，分摊媒介产品生产、制作和传输成本；最后，可以通过货币形态的资本运作和实物形态的资产运作，提升整体经济效益。

2. 强化专业分工，提升协同效应

中国入世后，随着文化产业的逐步对外开放，报业的暴利时代已经过去，“长尾战略”赚利润的时代已经到来。在这种背景下，如果同一区域内出现多家同质报刊，它们会为了抢夺有限的受众资源、广告资源和发行渠道而互相大打价格战，那导致的只能是人为抬高生产成本，大家得不偿失，都会面临亏损的风险。

媒体的组织融合有助于帮助同一区域内的中小报刊、电视、广播，走出恶性竞争的怪圈。通过成立集团，进行资源整合和优化配置，调整子报、子刊、子频道的定位和受众群，实现错位竞争。此举既可防止恶性竞争，又可提高各媒体协同作战的能力。

3. 延伸品牌效应，实现集体进步

通过组织融合，媒体可以共用系统内的媒介资源，借助系统内的几个实力较强、潜力较大的媒体的品牌效应，实现品牌延伸。很多新创刊的媒体借助集团原有传媒的品牌，迅速打开了市场并立稳了脚跟，赢得了发展。南方报业传媒集团，近年来先后创办了《南方周末》《南方都市报》《21 世纪经济报道》《南都周刊》等一系列知名报刊，几乎是推出一份，红火一份。这种个案的成功，离不开其多品牌发展战略。

2003 年 11 月 11 日，南方报业传媒集团和光明日报报业集团联合共同出资 2000 万元组建的《新京报》在京面世，随即在竞争激烈的北京都市报市场上立稳了脚跟并赢得了发展。

南方报业传媒集团原负责人范以锦在《南方报业战略：解密一流中国报业集团》一书中回忆道："经过一年多的办报实践，报纸在北京乃至全国新闻界取得影响力，一年后广告营业额突破亿元大关，成为南方报业旗下第五家广告额超过亿元的报纸。"

类似的故事之前也曾发生在《南方都市报》《21 世纪经济报道》《南都周刊》《城市画报》身上。传媒学者宋祖化把这种现象归纳为，"南方报业传媒集团组建后，旗下不仅有《南方日报》这样的党报品牌，还有《南方周末》这样的市场品牌，这为报业集团在全国范围内打造新品牌搭建了很好的发展平台和进入通道"。

在国际上，时代华纳、新闻集团等全球性传媒集团大多借助这种手段，实现了多品牌发展。国内如湖南卫视的"电视湘军"，出版界的"凤凰集团"等都是鲜明的案例。

（三）组织融合存在的风险

由于组织融合主要依靠外部力量如行政干预等使媒体集团简单合并在一起，缺乏市场竞争的基础和企业强烈的自主行为，因此，它常常导致融合后的媒体在实际运作中常出现诸多脱离市场经济发展的要素，影响集团后续的发展。组织融合存在的风险可以归纳为以下几点。

1. 容易滋生吃“大锅饭”心理，打击积极性

由于是行政主导建立的集团，集团往往沿袭传统的权力分配办法，“统”多“分”少，有的甚至统一经营、统一工资和奖金的发放标准，许多子报子刊及经营实体在集团成立后，发展的动力和活力不增反减。

如果融合后，集团采取“一碗水端平”的措施，以行政的手段一味“抽肥补瘦”，以几家赚钱的媒体养活一个集团的话，长此以往，必然会严重打击成长性媒体的积极性，造成各家媒体的主动出击的意识减弱，导致各家媒体的精力不是放在媒体的运营上，而是放在如何跟集团领导搞好关系，从现有的集团利益中多分一杯羹上。融合非但没能产生“1+1 ＞ 2”的效果，还造成了内空。

如果融合后集团收多放少，也会束缚系统内主动性强的报刊的积极性。如有些原来市场化程度已经比较高的报纸，在组建集团后因为管的人多了，自主决定能力大大削弱，原有的灵活机制和盈利增长点不复存在。优质资源也被新成立的集团以“统”的名义分割。这让其在市场上进一步失去竞争力，最终影响整个集团的效益。因此，在组织融合过程中，应采取科学的管理和奖惩体系，激发下属单位的积极性，产生“1+l ＞ 2”的效果。

2. 容易造成集团“机关化”，增加管理成本

由于组织融合是在行政力量的撮合下形成的，刚融合后的集团只是发生了“物理变化”，而没有发生“化学变化”。没有实现从内部组织到管理方式的质的改变，大多数报业集团组建后除了增加了一个管理层级，所属各个报刊的宣传、发行、广告仍然是“三位一体”“各自为政”，与社会上的单体报刊无啥区别。

很多集团下面还有小集团，下属报刊相关职能机构还存在，集团层面又多出了集团办公室、政策研究室、集团战略研究室等一系列部门，并形成了集团、集团职能部门、采编（经营）中心、编辑经营部门等 4 级管理体系，决策和审核环节增多。事业机关存在的机构重叠、办事效率低等问题，通过“集团组建”加倍移植到报业集团。再加上多出来的很多人员安排和岗位设置，集团整体的人力、物力成本进一步增加。

所以说，通过组织融合的集团，必须要有效处理好木单位的治理结构，真正实现资源共享，节省人力成本。

3. 容易造成文化不兼容，产生企业矛盾

媒体组织的文化可以为媒体组织的战略提供支持，而文化信念与战略的

不和谐则会带来高昂的机会成本，不协调的媒介组织文化会使媒介组织内部成员的凝聚力、认同感减弱，进而影响媒体组织战略的实施，这将是媒体组织的一种巨大的灾难。

有的合并前，一个系党报、一个系都市报，人员的办报理念、办报风格、思维作风都有一定区别。所以，在融合过程中，如果处理不好这种企业文化，一方兼并另一方，则会打击另一方的积极性；如果不和谐，还会互相造成矛盾。

所以，经过组织融合的集团，应该尽快梳理 2 家单位合并前各自的企业文化中的特点，去粗存精，产生新的组织文化，让大家都有归属感。

（四）适合组织融合的媒体环境分析

组织融合作为媒体融合的第一阶段，其本身必然存在着一些自身制度带来的缺陷，但这并不妨碍一些媒体在区域市场环境竞争激烈的背景下，通过组织融合，实现发展突破。

与西方媒体集团不同的是，中国媒体的集团化进程更多地含有行政规划的色彩，所以实现组织融合的媒体环境也比较多元。但可以根据我国主管部门新闻出版总署和国家新闻出版广电总局对成立媒体集团的要求，并结合我国报业集团和广电集团的筹建经验，归纳出大致以下两个方面的必要条件。

1. 拥有 1 家以上强势媒体

纵看中国这些年的媒体融合，不难发现，无论是如深圳特区报业和深圳商报社这样“强强联合”组成的报业集团，还是像《南方日报》这样家族式发展形成的媒体集团，都至少需要 1 份以上强势的品牌媒体作为依托和支撑。通过主打该品牌，带动系列报刊的发展。

新闻出版总署也对报业集团的组建有明确规定：“除了一张有影响的主报外，至少应有 4 张子报子刊，可组成系列报刊。”

此外，这些报刊应该是一个区域内或者一个行业内的，这为集团的组建提供了物理条件和专业基础。因为新闻出版总署文件中已有明确规定，不支持跨地区成立集团。

2. 具备一定的经济实力和潜力

要形成组织融合，必须具备一定的经济实力和潜力。对于组建报业集团，新闻出版总署有明确规定：“沿海地区报社年税利在 5000 万元以上，中西部地区年税利在 3000 万元以上。拥有独立的印刷厂，现代化的照排、胶印设备，具备彩色胶印能力。除保证本报社所属报刊正常印刷装订外，能承接一定数量的代印业务，每日总印刷能力在对开200万份以上。”

此外，传媒是创意产业，作为劳动者的人在媒介运作中占据重要的位置。所以，要进行组织融合，媒体单位必须具备丰富的人力资源。

二、资本融合模式及其应用情况

（一）资本融合的定义及应用现状

资本融合，是指有实力的媒介集团在资本市场上完成对其他媒体或媒体集团的收购，或者两个媒体组织之间通过资本市场进行的合并。

在欧美传媒领域，通过资本市场进行媒体融合，早已司空见惯。从20世纪开始，世界上十大传媒集团的发展历程就是一部并购史，从新闻集团到迪士尼，再到世界第一传媒集团——美国在线—时代华纳等，无不是在一次次资本市场的并购中逐渐壮大，最终成为跨国传媒大鳄的。

随着国内文化体制改革的深化和广告、发行、制作等领域进一步对外开放，我国传媒行业正在成为新的投资热点，受到资本市场的追捧，中国传媒企业也在本土乃至世界的大市场上，开始了他们的资本之战和并购征程。细看中国传媒现有的资本融合之路，可以将其总结为以下三种类型。

1. 通过股权收购或增发，实现业务渗透

近几年，随着传媒业政策的松动，一批有传媒背景的公司相继上市，并通过资本市场间的股权互购，实现资本融合。

从1994年上海广电总局下属的东方明珠股份有限公司上市，成为第一家“传媒概念股”至今，已经有“中视股份”“电广传媒”“博瑞传播”“赛迪传媒”等20多家传媒类的上市公司。这为传媒企业通过资本市场，实现相互之间的融合发展，搭建了平台。

应该说，这种融合模式最接近国外大媒体集团的发展和资本运作之路，但这些公司由于脱胎于计划经济下的传统媒体，深受计划经济的影响，在资本市场上还不够成熟，在资本融合上还处在探索期。

2. 传媒单位与产业资本合作，共同打造新媒体

2005年8月，国务院发布《关于非公有资本进入文化产业的若干决定》，在确保国家绝对控股的前提下，允许非公有资本进入出版物印刷、可录类光盘生产等文化行业和领域，还可参股出版物印刷、发行，参与广播电台和电视台的音乐、科技、体育、娱乐方面的节目制作；可以建设和经营有线电视接入网，参与有线电视接收端数字化改造等。

3. 国内传媒与国外资本的融合，产生新的行业

中国“入世”后，各种协定对新闻传播业开始产生各种直接或间接的影响。虽然现在外资企业只获准开展国内传媒业的一些边缘业务，但其利用资本优势逐渐布点，从传媒业的下游影响上游并迂回进入核心业务的态势正在显现出来。辽宁贝塔斯曼图书发行有限公司成立就是一个标志。2005 年 5 月 25 日，由德国贝塔斯曼集团与辽宁出版集团共同出资创办的辽宁贝塔斯曼图书发行有限公司正式挂牌成立，辽宁出版集团在合资公司中占有 51% 的股份，贝塔斯曼集团占 49% 的股份。公司注册资本为 3000 万元。合资公司将主要经营国内版本的图书批发业务。值得称道的是，该合资公司是我国“入世”后，履行规范审批程序成立的第一家完全由国有资本与外资共同组建的图书发行公司。

（二）资本融合的优势

从产业结构上讲，传媒产业属于智力密集型产业，市场规模增大使传媒产业能够较容易地实现规模经济。要实现规模经济，首先应当获得资本，然后有效地利用资本进行再投资，获得规模发展。从这个角度而言，资本融合有着许多不可估量的优势。

1. 带来丰厚资金，启动规模改造

中国“入世”后，随着一批传媒单位从“事业”改为“企业”，从原有主管单位脱离，其获得的政府拨款也随之减少，中国传媒企业正面临资金短缺的困境，需要自己想办法去解决资金缺口。

此外，考核传媒企业稳定性和经营绩效的许多重要指标都以资本作为基础。绩效考核的一系列指标如投资回报率、市盈率、权益负债比率以及流动资产比率，都与发行股票、出售资产密切相关，经营者们需要了解他们的决策将如何影响绩效。

通过资本融合，企业能很快实现资产重组，获得丰厚资金，从而扩大生产，实现资本增值。

2. 引进先进理念，带动整体发展

由于并购的一方大多为上市公司或者具有较丰富资本运作经验的媒体公司，所以资本融合后，该方可以为另外一方提供先进的技术和理念，带来丰富的管理经验。如试点中的辽宁出版集团本来正在寻求上市，与贝塔斯曼集团这样著名的传媒大鳄合作，将有利于其财务的规范化管理，加快其上市的进程。

3. 带来经济效益，实现双赢局面

由于资本并购是建立在合并双方“你情我愿”的基础上的，因此，有利于双方各取所需，实现双赢局面。作为并购方，通过资本融合，可以扩大产业链，实现资本升值；作为被并购方，通过资本融合，可以解开资金困局，顺利“套现”，获得超额回报。

（三）资本融合存在的风险

传媒资本运营是一柄双刃剑：运作成功可以使企业获得超额的利润；运作失败则会将企业带入分崩离析的境地。从现实来看资本融合至少存在以下两方面的不足。

1. 资本逐利为主，追求短期效应

资本的本性是追逐利润的最大化，经过资本融合的传媒也避免不了逐利的特性。许多公司并购是为了修饰财务报表，为“借壳上市”融资；或是出于低价收购再转卖的投机目的，缺乏长期战略意图。

2. 文化磨合不够，挫伤员工热情

一项针对全球范围的并购研究报告指出，在并购的不同阶段，失败的概率也大不相同。在并购后期的整合阶段，失败的可能性高达53%。很多传媒并购后非但没有创造价值，甚至还不如合并前，这与融合后企业文化的不合有关。传媒是个依赖创意的行业，许多时候收购方看重的也是对方公司的“软实力”，如娱乐营销能力、与关键客户的关系等。一般来说，自己公司被收购和接管，在心理和情感上都会对员工造成巨大冲击。并购后，文化理念的差异，容易让被收购方员工在精神上产生挫折感，或选择离开，或消极怠工。

如此看来，融合后的媒体应该尽快吸收合并前双方企业文化中各自的优点，尽快重新树立起融合性的企业文化，让员工都有归属感。

（四）适合资本融合的媒体环境分析

要实现资本的自由流动，首先媒体的所有资本应是可以流动的，所以，纯资本的融合，应该发生在两家纯资本的企业之间。或者是2家上市公司，或者是2家都已转制成功的企业，但都必须是产权明确，能完成资本运作的公司。

1. 在良性互动的体制内

由于体制的原因，大部分媒体都存在资本缺乏的问题。在媒体投资政策适当放开后，一些媒体认为，只要找到了投资方，一切生存和发展问题就可以迎刃而解。但殊不知，没有钱是万万不能的，但金钱也不是万能的。资本，只有在一个良性互动的体制内，才能发挥其积极的作用。如果媒体没有进行深刻的体制上的变革，而仅仅寄希望于在资本市场上圈一笔钱，旧瓶装新酒，是不行的。

所以，融合双方应该都有比较一致的目标、趋同的价值，这样双方融合后才能够更有默契地去出力，实现“1+1＞2”的效果。

2. 自身有一定实力

由于前一阶段媒体投资热的时候，一些地方的报号、刊号资源价格被人为地炒高，部分媒体产生了依托垄断地位变现的想法。但是现在资本也学乖了，知道只有强势媒体、优势媒体才是合作的首选。因此，一些相对较弱的媒体往往是“有价无市”。其结果往往是媒体最后降低门槛，草率选择实力较差的资本合作，草草开场，草草收场。

所以，只有练好内功，提升自己的议价能力才是“王道”。练好内功，攻则可以主动出击，伺机并购，增加自身的实力；万一被人并购，也因自身实力强大，可以提高谈判资本，获得更大利益。

3. 双方有一定互补性

媒体需要资本，也需要资源。媒体在进行资本融合，选择合作方时，要考虑哪些环节可以互相支撑，融合后能实现资源、产业链互补。

第一，可以考虑横向资源的互补，如广告资源、受众群等。如果市场上有 2 家以上同质的报刊，他们常常瓜分一些品牌广告资源，双方若能通过资本融合，获得对方的广告资源，实现叠加效应，则可以提升融合后企业的经济效益。

第二，可以考虑纵向资源的互补。如外包印刷投递的报社可以与具有印刷、物流等功能的企业融合，电视台可以与具备节目制作能力的上游媒体公司融合。

这样的融合，产生的是产业链的互补，将大大提升整个集团的竞争力。

三、传播手段融合模式及其应用情况

（一）传播手段融合的定义及应用现状

传播手段融合，指大型的传媒集团将不同媒介的传播手段（如电台、电视、报纸、网络、杂志等）在一个大平台上进行整合，实施这些媒介之间的内容相互推销和资源共享。进入 21 世纪，“全媒体”融合概念逐渐被引入国内，引起了业界和学术界的广泛关注。在国内相当长一段时间内的“传播手段融合”主要集中于报纸与网络之间，广播、电视与网络之间的单向融合，实现 3 者以上融合的很少。纵观国内传播手段的融合，可将其分为 2 个阶段。

1. 传播手段融合的探索阶段

其间，出现过类似广电与报纸的战略合作，主要有 2 种形式。

第一种，即广播、电视通过与报纸共同打造某一节目，进行“跨媒介”栏目化合作的尝试，如《北京晚报》体育部和北京人民广播电台体育广播共同打造全新的体育新闻报道平台——“北京晚报体育时间”，双方充分利用各自传播平台，给予体育新闻全新的解读。还有诸如长江商报社和湖北城市电视台组成战略合作伙伴联盟等。

第二种，某段时间内，针对某一事件，由广播、电视联合报纸、网站等进行跨媒介合作报道。如上海自 2006 年起推出的“高考大直播”节目，上海教育电视台负责在演播厅，邀请各方专家为考生填报志愿把脉，东方广播电台开通直拨电话并进行声音直播，东方网同步进行网络视频和文字直播，《新民晚报》随后对直播的内容进行归纳整理并报道。

上述两种媒体融合形式都取得了良好的效果：合作期间，“北京晚报体育时间”收听率不断提高；而 2 天 16 小时的“高考大直播”接到热线 1800 个，东方网的总点击率达到了 1100 万。

2. 传播手段融合的尝试阶段

真正把中国媒体融合推上跨媒介发展路径的是上海文广新闻传媒集团（SMG）和成都传媒集团。2003 年 8 月，上海文广新闻传媒集团（SMG）整合旗下的经营性资产，成立了第一财经传媒有限公司，推出了“第一财经”品牌。在第二年的 11 月，SMG 又联手广州日报报业集团和北京青年报社，借助 2 家纸媒在业界的影响力，共同打造了全国性的商业日报——《第一财经日报》，加上该集团原有的第一财经网站，搭建起了“第一财经”统一品牌下的广播、电视、报纸、网站信息资源和人力资源共享的平台，记者采访的同一条财经信息可以通过报纸简讯、简要电视新闻、电台消息、网站专题报道等途径展现，报纸和电视的工作人员也可以互相交叉兼职，实现了中国传媒业第一次真正意义上的传播手段的大融合。

5 年后，SMG 再度出手，整合旗下资源，塑造了“星尚传媒”这一跨界之作，涵盖电视、杂志、网络、手机电视等多个领域，为传播手段融合再添一成功案例。

（二）传播手段融合的优势

跨媒介的传播手段融合，可以借助报纸、广播电视、网络、杂志等不同媒体形式，实现内容资源、广告资源、品牌资源等方面的共享，这在品牌延伸、资源整合、拓展产业链方面都具有不可估量的优势。同时也为第四阶段媒介形态的融合，积累了经验。

1. 延伸品牌价值，实现共同提高

国际品牌策略家杰弗瑞·辛克莱对品牌做过一个形象的比喻："一屋子的品牌就像一个家庭，每一个都需要一个角色和一份与其他品牌之间的互动关系。"

任何一个传媒组织的品牌都不是相互隔绝的，从系统的观点看，这些品牌构成该组织的品牌系统，系统中每一个品牌都有不同的作用，扮演着不同的角色。用品牌的力量建立受众的忠诚度，这是一条目前竞争环境下必须要走的专业化道路。

2. 打通价值通道，实现资源共享

传播手段的整合，因为其建立在一个共同平台上，不同媒介间有许多共同之处，如专业知识、价值取向等，这为资源共享提供了坚实的基础，使同一价值得到了多次开发。

第一，实现人力资源的共享。

融合后的媒体尽管是在不同媒介形态上发布消息，但很多内容具有相似性，这为企业在采访、编辑、管理等方面节约了大量人力资本。"第一财经"在成立之前，曾向北京派出 3 名记者，他们负责为电视供稿和进行卫星直播，还要负责联系、采访专家等，3 人忙得团团转，等《第一财经日报》成立后，其北京分社有将近 100 人，包括记者、编辑、管理、发行团队等，这些专业团队都可以为电视打工，大大减轻了电视从业人员的压力。此外电视中有些节目需要用到英语主持人，也有不少就从广播借调，因为在"第一财经"平台内人才是打通的。

第二，实现信息资源的共享。

融合后的媒体因为同属一个集团，减少了彼此之间的竞争属性，他们愿意在一个平台上拿出信息进行共享，同一条资讯可以在电视、电台、报纸、网络等不同媒介上呈现。如"第一财经"现有的资讯产品、"600 指数"等都

是可以实现内部共享的资源。此外，当向第三方购买咨询内容时，融合后的集团也可以统一出面、统一谈判、统一购买，议价能力大大提高，信息源更丰富，成本大大下降。

第三，实现经营和技术资源的共享。

传播手段的融合，大多是同一类型资讯在不同媒介形态上的融合，这就决定了这些媒体的受众群和广告主趋于雷同，可以把集团内相对弱势的媒体与相对强势的媒体进行整体营销。如广播的广告吸纳力远低于电视，就可以尝试把广播和电视广告捆绑起来，打包销售。当新创刊的杂志或数字刊物无法拓展市场时，就可以和已有一定市场群的报纸进行整体营销，如读者适当增加订报价钱，就可以另外收到杂志和网站资讯。因为传播手段不同，此类融合后的媒体能集聚“叠加”效应，实现“化学组合”，在整体营销上将更具有优势和竞争力。

3. 拓展产业链条，创造更高效益

传媒产业链的核心就是不断拓展原有的资源和产品，形成新的资源和产品，使传媒产业和传媒企业实现“增值”。传播手段的融合，有利于整合系统内电视、报纸、广播、网站等不同媒体的优势，做到广告之外求财路、传媒之外找商机，创新传媒业盈利模式，在上下游衍生出新的资源和产品，实现传媒产业的增值。这些都印证了传播手段融合有利于发挥相关媒介各自的优势，创造更高效益。

（三）传播手段融合存在的风险

传播手段融合在带来人力、信息资源等方面共享便利的同时，也引出了考核和评价体系是否公平，如何激励不同媒介工作人员的积极性等一系列难题，存在着“分配不公”“管理不足”“技术落后”等风险和不足。具体体现在以下几个方面。

1. 在不同媒体兼职，考核体系过于复杂

在“全媒体”环境下，记者既要承担文字写作，又要摄影、摄像；既要为报纸、杂志供稿，又要承担电视、网站的相关任务。采编人员的工作量大大增加，形式不拘一格，如何考核就成了难题。

相应带来的分配问题则更加复杂，奖金是按人数、频道数、难度系数来分配，还是按照其他标准来分配。如何实现质与量的平衡？如何使纸媒、网媒和电视的考核相对公正？这些都是困扰朝“全媒体”方向发展的集团的难题。如果考核体系不公，缺乏明显的激励机制，将会严重影响员工的积极性，回到“电视记者干电视的，报纸记者干报纸的”尴尬境地。

2. 依赖原有媒体人才，团队理念跟不上

传播手段融合后，如果人才跟不上将出现反作用力。《杭州日报》社长李建国曾指出：“制约‘全媒体’发展的瓶颈是团队，特别是与先进传播技术相适应的团队。”现在做“全媒体”尝试的集团，很多采用的是传统报纸、电视的记者、编辑，这些人在理念、想法、技术方面各有千秋，与国外经过专业“全媒体”训练出来的毕业生有一定本质区别，会影响“全媒体”报道内容的质量，也会减缓集团“全媒体”探索的步伐。

3. 驾驭新产业经验不足，容易产生风险

传播手段的融合和膨胀，很容易衍生出新的传媒产业链，但在新的传媒产业运作中，风险也同时存在。因为对于大部分的媒体从业人员来说，由于缺乏专业的经营知识，一旦运营新的传媒产业，会遇到许多无法解决的问题。

（四）适合传播手段融合的媒体环境分析

传播手段融合，是建立在集团内部的大环境中的，作为媒体融合的第三阶段，它是媒体产业发展相对成熟后的产物，在具体运作中至少应该具备以下 4 个要素。

1. 有 1 个强大的媒体集团

传播手段融合建立在大型的传媒集团内部不同媒介的传播手段之上，这就决定着它必然发生在一个相对成熟、处在发展期的媒体集团内部，应该比第一阶段的组织融合更胜一筹。如“第一财经”就正处在业务发展的繁荣期，“星尚传媒”也正迎来娱乐产业蓬勃发展的春天。

2. 内有 1 家以上的强势媒体

应该是“一带多”或者“多带多”的模式。即集团内已经有一个发展较成熟的媒体，在此基础上延伸出其他媒体产品，通过多品牌战略，实现短时间内占领市场，节省融合成本。如“第一财经”是在第一财经电视发展成熟并具备一定品牌的基础上，推出了《第一财经日报》和《第一财经周刊》的。“星尚传媒”，也是在星尚娱乐电视有了较为广泛的受众的基础上，推出了其他衍生品牌的，主要依赖的还是电视在受众中的强大影响力。

3. 被融合的媒体有一定的相关性

不同媒介之间实现内容相互推销和资源共享，决定了他们的受众是趋同的，因此内容必须有一定的相关性。受众只不过是通过不同的媒体来实现多方位的浏览而已。所以很大程度上“全媒体”的诞生以专业性媒体为主，如“第一财经”紧紧围绕财经信息这个核心，充分整合广播、电视、报纸各自的特色和专长，为受众提供形式各样、信息全面、观点独到的财经资讯服务。“星尚传媒”则以娱乐为主打。所以，被融合的媒体，应尽量有一定的相关性，这会减少融合的阻力和难度。

4. 具备强大的实力和技术手段

在一个大平台上进行整合，这需要一定的财力、物力、人力，集团要学会使用技术手段，使报纸、广播、电视、网络全部用一套班子，在统一调配下，将采回的材料和新闻用于集团旗下的各个媒体。“第一财经”和“星尚传媒”背靠上海文广传媒集团这艘超级航母，有大集团强大的人、财、物的支持。成都传媒集团的融合，也是建立在当地两家极具话语权的报业集团和电视台之间，当地政府又给予了极大的支持，旗下还拥有被喻为“中国报业第一股”的博瑞传播上市公司，通过一次增资扩股，就成功融资 2.8 亿元人民币，为旗下媒体产业深度融合奠定了深厚的资金基础，无后顾之忧。

四、媒介形态融合模式及其应用情况

（一）媒介形态融合的定义及应用现状

媒介形态融合是指随着技术的发展，会产生一种新的媒介，该媒介可以融合几种乃至全部媒体的优点，并在此基础上实现广播、电视、报纸、网络、杂志等内容的共享。随着移动数据业务的普及及数字电视技术的迅速发展，加上本身承载的摄像、音乐播放、短信、彩信等技术，手机正在从众多的媒介形态中脱颖而出，逐渐承担起媒介形态融合介质的功能。

（二）媒介形态融合的优势

智能手机等传媒终端的出现，使得媒介形态融合的优势得到更大的凸显。便捷，时效性强，制作和传播成本很低，传播和阅读方便，与受众的互动性强，这些都成为媒介形态融合的巨大优势。

4G 时代意味着手机平台将成为媒体融合的一个重要平台，手机媒体将不再是报纸、广播或电视的简单延伸，而是各种传统媒体形态在无线网络环境下的一种全新整合。

随着智能手机等终端的推出，媒介形态的融合，将更加成熟。电视、报纸、网络等各种媒体融合在一个终端上，受众携带将更为便捷。从目前来看，手机已成为人们随身携带的必需品，新型通信工具随身携带的特性，使其阅读便利性在先天上让其他媒体望尘莫及。

手机媒体一般都是移动网络营运商与传统媒体合作的产物，其与网络媒体运行所需要的硬件相同，其硬件要求、制作成本，远远低于其他媒体。

（三）媒介形态融合存在的风险

在看到媒介形态融合有诸多优势的同时，也要明白任何事物都具有两面性，这种融合模式尽管比较先进，可以避免前面几种融合模式的一些弊端。但因为它是建立在手机这一单一终端上面的融合，其融合的成功与否在很大程度上就受制于手机本身和通信技术的发展与进步。

1. 媒介内容单一，市场有待扩大

全国目前已有手机报上千余种，但其内容来源趋于同质化，由于缺乏自己健全的采编体系和运作管理体系、专业的媒体从业人员队伍，手机媒体没有独立的内容来源，只能由其编辑人员在平面媒体提供的范围内进行选择。手机电视本身制作内容虽多，但精细度不够，内容过于简单粗糙。两者新闻来源严重依附于传统媒体或者互联网。

2. 过度依赖技术，推进速度较慢

借助手机进行多种媒介形态的融合，在很大程度上受到技术的限制，这种技术限制来自两个方面。

首先是机器本身。目前技术条件下的手机屏幕一般一次只能显示 100 个左右的汉字，这就形成了一个“天然的缺陷”，导致手机电视、报纸和书籍的可视面积较小。同时，手机实时传播的平滑效果和画面质量问题也是一个难关，这对手机电视、报纸和书籍的功能拓展都存在制约。手机电池也是一个大问题，目前的手机电池最多只能支持 1 小时以上的视频，加上手机本身重要的通话功能也需要消耗电量，这给手机多媒体的融合带来了考验。

其次是运营商层面，目前存在网络容量和数据信号速率的限制，手机下载速度缓慢的问题在目前尚未得到根本性的解决。这对吸引受众和广告客户都将产生消极影响。

3. 内容渠道分离，影响规模发展

长期以来，电视广播归国家新闻出版广电总局管理，报纸归国家新闻出版总署管理，移动、电信归属工业和信息化部。广电业与电信业之间界限明

显、壁垒森严，政策规定不能互相进入。

手机电视涉及了两方的共同地带，广电部门拥有节目资源，国家新闻出版广电总局只给 SMG 和央视颁发过 2 张手机电视牌照；移动终端则掌握在移动运营商的用户手里，我国的手机运营则集中在几大移动运营商手中。

这意味着，双方中只要一方施加阻力，就会造成两败俱伤。这种相互的制约，一定程度上限制了媒介形态融合的深入，无法实现规模经济。如果这种鸿沟不消除，必然影响手机终端上的媒介形态融合的推进。

（四）适合媒介形态融合的媒体环境分析

此种融合对外部环境来说，需要手机相当普及，3G/4G 技术得到较好的应用；对媒体自身内部环境来说，媒体相应的内容、技术、受众群等都必须具备较高的技术含量。具体来说可以简单概括为以下 3 点。

1. 需要丰富的资讯

内容必须十分丰富。手机媒体不太适合地方类的专业媒体，它需要一定量的信息，且要便于制作。

2. 须有广泛的受众群

由于目前，手机报纸或手机电视在很大程度上，是依赖运营商在做推广，是在整个手机用户群中做推广。所以，受众普遍关心的电视节目、报纸内容较容易得到推广，对于小众、专业的资讯，未必会受到市场欢迎。

3. 具备一定技术含量

要实现报纸、电视、网络等方面的融合，对于技术和人才的需求非常迫切，传统的电视制作和报纸出版，不可能单纯地应用到手机上，这中间的转换既要解决技术问题又要解决人才问题。

第五节　全网融合的“互联网 +”和“电视 +”

2015 年 3 月，国务院总理李克强在第十二届人民代表大会上提出制定“互联网 +”行动计划，以推动移动互联网、云计算、大数据、物联网等与现代制造业结合，把互联网和包括传统行业在内的各行各业结合起来，引导互联网企业拓展国际市场。当然，“互联网 +”并不意味着互联网与传统行业的简单相加，“互联网 +”带来的最根本改变在于它是对传统行业的“换代升级”。由此，“互联网 +”中的互联网，便不仅仅是一种单纯的新兴媒介，它成了一股新的资源分配、整合与重构的力量。

于是，无论在学界还是业界，“互联网 +”已然成为热门词汇，但是，是否每一项事物都必须是“互联网 +”而不是“+ 互联网”呢？这是一个值得讨论的问题。有着互联网背景的人和传统广电媒体从业背景的人，对这个问题显然有着不同的回答。这些争议，主要围绕着“话语权问题”和“对未来用户媒介消费方式的判断”展开。

在话语权方面，互联网真的占据了绝对优势吗？虽然如今以互联网、移动互联网为代表的新媒体正在飞速成长，但是笔者认为，传统广电媒体的高效整合传播能力、优质的内容生产能力以及权威发言人的地位，仍是互联网无法替代的。虽然人们经常看网络新闻，但是传统电视媒体仍然是主要的新闻来源。所以，李克强总理提出“互联网 +”的概念，并非否认传统广电媒体的地位和作用，而是希望用互联网这种先进的生产力来倒逼传统广电媒体的革新发展。

而在对未来用户媒介消费方式的判断上，传统广电媒体的最大危机在于，新一代用户更加倾向于“社会化”的线上交流，传统广电媒体以往与用户的交往互动方式，可能不再被用户采纳。但是，我们同时也应该看到，广电媒体相较于互联网来说，它的用户群体是十分宽泛的，不仅有新潮的年轻人，还有年长的中老年人；并且在年轻人“社会化”交往频繁促使“孤独感”频生的时候，广电媒体可以利用其“家庭客厅伴侣”的优势，打造情感交流的王牌，这是吸引用户不可或缺的元素。因此，虽然“互联网 +”是热门词汇，但是对于传统广电媒体来说，应立足自身优势，在与互联网互动过程中，实现优势互补。传统广电媒体仍将会是未来媒体行业的主角，从这种意义上说，“互联网 +”和“电视 +”才是创新动力模型的雏形。

2015 年，CSM 媒介研究所给出的 2015 年上半年城市收视调查数据显示，传统电视观众人均每日收视时长降至 158 分钟，较 2011 年下降了 12 分钟，而观众规模从 2011 年至 2015 年，也在逐年下降。面对传统电视观众人均收视时长和规模下降的不利局面，广电媒体如何拥抱互联网，实现创新与发展，完成“互联网 +”和“电视 +”的融合创新，成了人们关注的热点问题，笔者对其也进行了若干思考。

一、“互联网+”和“电视+”的相关理念

2015年在“互联网+”战略发展政策下，互联网的发展迈向了一个全新的高度，其连接事物的“+”的属性渗透到人们生活的方方面面，传媒行业也不例外。而在探讨传统广电媒体如何拥抱互联网，进行创新之前，我们有必要先厘清，媒介环境的变革到底意味着什么？因为这会直接影响创新的心态。

第三代媒介环境学派代表人物保罗·莱文森曾对媒介发展做出了通俗有趣的评述，并归纳了媒介发展的一些规律。他认为媒介进化不取决于技术含量、审美等因素，而是完全由人的需要主宰，且媒介的每一次变革，都是进步与缺憾共生的，媒介是在不断地“补救”中向前发展的。他以广播和无声影片为例，解释了为何两种媒介有着完全不同的命运。答案是，媒介的人类学理论表明，媒介倾向于复制前技术的世界。

保罗·莱文森分析认为，在广播的前技术世界，人类习惯闭上眼睛只用耳朵听。所以，只用听觉不用视觉的广播能够继续生存，因为这是一种对前技术世界人类感官模式的复制。而在前技术环境的自然世界中，人们几乎没有只看不听的传播模式，白天万籁俱寂的情形人们无法适应。因此，这解释了无声片的生存境遇。从保罗·莱文森的理论我们可以看到，任何一种媒介形式的出现发展，在于它是否是对人的某一特性的“模仿”，只是“模仿”有偏向而已。因此，无论是广播、电视，还是互联网，它们都是人的某一感知模式的延伸，它们不是彼此消融的关系，而应是互相补充的关系，“互联网+”的到来，可能更多的是给了传统广播电视媒体发展、创新的机会，这是传统的广电媒体人首先应该树立的信心。

“互联网”作为一个集视觉、听觉、思维和语言的综合体，它不是一个单纯的新兴媒体。这意味着，传统的广播与电视媒体，不能只把互联网看作一种新的传播手段。互联网不是延伸广播和电视媒体影响力的工具，在新时代，广电媒体应该运用“互联网+”和“电视+”的理念，整合、重构整个广电行业系统，从而构建出一个“价值环”。

（一）用户理念

对广电媒体来说最重要的是受众，而对互联网来说最重要的是用户。“用户”是否等于传统的广播电视媒体的受众？似乎在对象所指上，两者没有太大区别，但是对于广播电视媒体来说，传统的传播模式倾向于“霸权式”编码，观众的反馈只能通过听众来信或者是收视率来做出一个判断。但有了互联网，观众就没那么好把控了，这要求传统的广电媒体进行思维转型，真正

在传播流程的各个环节做到以用户为中心，没有认同就没有合同，广电媒体要构建、运营和维护用户关系，真正将观众变为粉丝用户。

具体来说，要紧握“用户理念”，传统广电媒体应该明确三个问题：一是节目之对象——给谁看，从而对节目进行合理定位；二是节目之内容——做什么，了解用户需求，进行节目构思；三是节目之表达——怎么做，这是最关键的一步，意味着广电媒体在节目制作中，要加强用户体验，如互动体验，从而提升用户的参与感和代入感。可以说，“用户至上，体验为王”是广电媒体在未来节目制作中应该牢牢把握的“八字箴言”。

（二）迭代理念

迭代法是数学上一个重要的方法，在计算方法中除了用它求方程和方程组的根外，还指初始值经过相应公式计算后得到新的值，并利用相同方法对新的值进行计算，经过几次反复计算得到最终结果的一种方法。数学上的迭代法引入思维方法后，就可称为迭代思维法（简称迭代法）。数学中的迭代法一般适用于对真解 A 的大概情况事先有所了解，然后通过迭代来逼近。而迭代思维除此种情况外，对未知目标也可通过观察迭代过程的中间结果而推断出结论。

互联网时代，小米公司的 CEO 雷军曾用一句话道出了迭代思维的核心：“天下武功，唯快不破。”可见，“快”是互联网产品开发的典型方法论，而传统广电媒体的制作更多倾向于“慢工出细活”。这两种思想的碰撞能否产生新的火花？

之所以提出“迭代理念”，就是希望用“快”来解决问题。2015 年后形成的“920”节目带，无疑给传统电视媒体提供了“试错”的机会，通过不断的微小的、迅速的迭代，“920”节目带具有了成为节目创新孵化器的潜力。既可以有《变形计》此类互换体验真人秀，又可以通过如《直播上海》等新闻类节目、《美味星婆媳》等生活服务类节目来进行新型节目产品的开发。在未来，美食、体育、咨询服务类节目都可能成为填充“920”节目带的有力武器，从而打造多元化的节目市场。可以说，秉持迭代理念，及时通过大数据、云计算等技术，关注观众的需求，把握观众需求变化，才是未来广播与电视节目制作的核心。

（三）平台理念

在传媒业，传统的思维方式倾向于一种精英文化的生产方式，是一种由上而下的“告知”。而“开放、共享、共赢”是互联网的关键之词。互联网时代，从以前的单向传播到现在的双向互动，受众早已不是被动的信息接收者，甚至也不是传统意义上的媒介消费者，他们变成了更为主动的信息分享者与传播者。受众不仅需要信息，还需要表达、分享、参与，而这一系列变化一定程度上也促使传统被动的媒介文化逐步转向更注重创造与分享的“参与式文化。”从早期的“迷文化”到“参与式文化”，詹金斯在《融合文化：新旧媒体的冲突地带》一书中就将“参与式文化”与“媒介融合”联系起来，他认为，“互联网技术为使用者提供了与媒介企业谈判的机会。生产者、媒介、消费者以及创造性的思想汇集在一起，使得文化工业呈现出一种双向的通路，在其中，传统内容生产者所带来的创新和消费者所带来的创新具有同样重要的作用和意义”。

因此，平台思维对观众来说，就是要打造一个能够激发用户交流的平台，邀请用户参与，实现真正互动。这对于广电媒体自身来说，除了现有的开通官网、官方微信微博，与用户进行交流之外，还需要他们走下神坛，运用“摇一摇”“抢红包”等参与感很强的手段，链接用户与赞助商，实现共赢，这才是其生存逻辑。

（四）社会化理念

社会化的核心是网，现在的广电媒体面对的用户以网的形式存在，因此，社会化思维主要强调的是广电媒体主动迈向社交化，将注意力放在电视内容产业链的下游，让用户参与到节目的讨论制作中来。除了利用好社会化媒体——微信、微博等，打造具有规模的社会化媒体平台，从而通过制造热门话题以反哺传统节目的收视之外，还要运用“众包”模式，加强用户参与节目制作的程度，如参与剧本制作、嘉宾选择等，既可以“天下贤才入吾彀中”，又能增强媒体活力，多屏联动，实现双赢。

目前，央视推出了“CCTV 微视”官方社交电视客户端，用户可以在看电视的同时，参加“TV 圈”里丰富多彩的互动活动。也可以实时查询央视和地方频道的收视指南，关注自己喜欢的节目，定制个人收视提醒。湖南卫视推出了电视互动社交智能手机客户端“呼啦”，同样采用“社区”概念，加强与用户的互动。可见，以前的短信、电话交流，或者扫描二维码这样的互动方式，已经逐渐过渡到一种全新的用户与电视的交互习惯，传统广电媒体正在移动社交互动上进行着革新，这也是未来发展的趋势。

（五）跨界理念

互联网和新科技的发展，逐渐消融着媒介之间的界限，媒介渠道在增多，终端屏幕也在不断增多。根据艾瑞发布的《2015年在线视频用户跨屏研究报告》，2015年用户跨屏收看成为主旋律，人均使用屏幕终端个数为2.3，并在各终端上，用户收看时间存在互补。于是，传统广电媒体在携“用户”以令诸侯的同时，利用跨界，增进互动，根据不同屏幕的特性与用户行为习惯进行相应的调整，以聚合为中心，以用户为主导进行转化，成为其创新发展的一个重要命题。

（六）大数据理念

“大数据”是一种工具还是一种思维？首先，大数据是一种集合，具体是指在可能的时间范围内，将无法用常规数据抓取软件进行捕捉、管理和处理的数据进行集合。舍恩伯格及肯尼斯·库克耶在《大数据时代》一书中指出，大数据理念必须放弃“样本”这样一种捷径，而是选择全面而完整的数据。也就是说，“大数据”必须是全数据样本，而并非抽样样本。2015年9月，国务院印发《促进大数据发展行动纲要》，系统部署大数据发展工作，促进大数据快速发展。因此，对于广电媒体来说，“大数据”是运用大数据抓取软件，对节目、用户、市场进行精确的细分，从而更好地为广电媒体服务，这也是“大数据思维”的内核。

那么，广电媒体要如何落实“大数据思维”？一是运用数据抓取软件，挖掘用户数据的各项指标。随着移动互联网的发展，跨屏传播成为新的趋势，因此，用户数据的获得不仅包括传统广电媒体的收视率，还包括微博、微信等社交媒体的话题热度，百度和谷歌等搜索引擎的数据，视频网站（爱奇艺、优酷土豆）的数据指数，以及相关论坛甚至淘宝上用户的痕迹等。在获得这些数据之后，广电媒体不仅能分析用户喜好，还可以通过相关关系的分析，挖掘不同屏幕、不同用户之间的关联，从而为进一步的战略制定提供有力依据。

二是充分利用数据为节目服务。节目播出前，可以将“大数据”作为平台定位和选择的依据；节目播出时，可以将“大数据”作为节目内容本身，成为全新版块。自从2014年成为中国的“大数据新闻”元年开始，“大数据新闻”已经成为一种直观、形象、权威报道的潮流方式。2015年的“据说春运”，“五一”期间央视新闻频道推出的“五一E起游”等一系列数据报道，都证明了“大数据”成为节目内容本身具有独特的魅力，更是开掘出了“大数据新闻”这一全新的新闻形态，这是传统广电媒体人做出的大胆创新。

此外，还可以利用“大数据可视化”技术，对节目进行视觉包装，吸引用户关注。央视体育频道在重大体育赛事时推出的《豪门盛宴》，就用虚拟的数字技术，让“C罗、梅西”等海外大腕球员出现在节目现场，使整个节目更加鲜活。当然，在节目播出后，更重要的是要运用数据对传播效果进行评估，以更好地进行节目调整，从而进入一个良性循环圈。

二、“互联网+”和“电视+”的创新动力模型

完善的创新动力系统是创新成功的关键。互联网时代是超媒体时代，它为广播与电视行业的创新提供了新的范式和可能。自熊彼特1912年在《经济发展理论》中最早提出“创新”概念之后，随着科学技术的发展，20世纪七八十年代开始，有关创新的研究进一步深入，并开始形成系统的创新理论。而创新动力系统是创新的首要问题，要解决的是创新为什么会发生，或者说是创新的驱动力问题。因此，本文的创新动力是指创新主体受到内部、外部的各种因素的驱动，产生了创新欲望和要求，从而进行创新活动的一系列约束条件的集合。而随着经济、科技的不断发展，原有的基于线性创新模式的技术推动、市场拉动等创新动力模型，已经不能满足现在网络式创新的需要。互联网的普及，改变了创新的动力因素，它更加需要创新主体之间基于信任的以知识交流、能力互补为主的相互合作。

基于中国传统广播电视媒体的发展，本文提出在新时期其创新的动力模型，以期为未来的广电媒体的发展提供某种参考。笔者认为，广电媒体创新系统是由核心动力系统和辅助动力系统共同构成的。用户关系、内容生产以及整体策略共同构成了核心动力系统；而盈利模式以及政策之间的相互影响构成了辅助动力系统。这两大系统的构成，均是基于广播、电视自身的优势，从而让“互联网”成为其创新发展的动力的。

（一）“互联网+”和“电视+”：用户关系的重构

以往我们搭建的广电媒体与用户之间的关系是在权力中找到平衡，以优化传播效果。但互联网的出现，让用户有了多种选择，将传统的广播电视推向了全面竞争的环境，广播电视任何一个薄弱环节都有可能导致用户流失，影响整体的价值和影响力。因此，传统广电媒体应该走出自己曾经的那个舒适圈，通过与互联网连接，构造一个更为广阔的空间。从这个意义上说，虽然用户分流打破了传统广电媒体一家独大的局面，但也促使他们积极转型，当辩证地看待这个问题的时候，可以说，互联网时代的到来，不仅推动了广播电视的发展，它还是推动社会进步的利器。

截至2015年，传统广电媒体用户观看路径发生了变化，PC端、手机端的出现，分流了传统广电媒体释放的能量，于是催生出广电媒体传播内容的“IP”化。“IP”的本意是知识产权，这两年随着一些热门节目手游开发的

成功，“IP”也逐渐成了电视行业里的热门词和新潮表述方式。无论是综艺节目《爸爸去哪儿》的手游、大电影、书册，还是《盗墓笔记》《花千骨》等“IP”电视剧，通过内容系统的IP化，广电媒体可以全线打通和文化产业间的壁垒，使内容变产品、观众变用户，从而更好地融入市场。

另外，是用户观看时长的变化，尤其随着智能手机的普及，用户在手机上的观看更倾向于精炼、短小的视频。这说明用户观看行为出现了移动化、碎片化的倾向，因此带来了广电媒介内容生产的变化。一是传统广电媒体将自身节目进行切割，然后将其在新媒体终端上进行展示。二是集中收纳用户自制的视频作品作为节目制作素材；三是根据用户需求生产短视频。

而视频网站上，从《老男孩》到《万万没想到》等微电影的流行，他们的跨平台融合，正是满足了用户在移动互联时代的观看需求。因此，广电媒体应多在“微”字上做文章，除了制作短小精良、吸引力强的内容，还要利用好“微”平台——微博、微信等，形成全新的生产机制。

（二）“互联网 +”和“电视 +”：内容生产的全新逻辑

曾经有人断言，互联网时代的媒介发展，不再以内容为中心，而是要占领渠道，但是，本文认为互联网时代，内容还是占据着重要地位，并且电视媒体仍然是优质内容的生产者，只是这个内容的生产要紧跟潮流。

就新闻节目来说，前面我们也谈到了生动形象的“数据可视化新闻”；并且广电媒体因其在新闻资讯和评论上的优势，重大的新闻报道仍旧以广播电视媒体为主；而在综艺节目方面，2015年依旧以“引进模式、购买版权”为主，但是随着“限真令”的颁布，相信在未来，综艺节目将走向原创阶段，将出现更多中国原创的综艺节目。《叮咯咙咚呛》是国内首档中韩明星跨界体验类真人秀节目，承接着中韩文化交流大任，具有外国明星体验中国文化的高度立意，极具创新性；晚会节目方面，随着“微信”的强大，自央视2015年春晚开启“抢红包”模式后，如何加强节目与用户之间的交流成为电视媒体值得探索的命题。而在电视剧方面，2015年传统电视剧收视下滑，伴之而来的是网络剧的风生水起，更有《蜀山战纪》先网络后电视的先例。在“一剧两星”的政策下，面对网络带来的压力，边拍边播、“IP小说”原型以及利用微博微信的话题互动等方式出现，“自制电视剧”激发了电视剧市场的活力，对未来电视剧发展有启发意义。

可以说，“广播电视 + 互联网”的节目生产，不仅需要“内容”和“形式”的叠加，它还需要“关系”和“场景”的建立，这是以后广电媒体内容生产需要注意的地方。

而关于“场景”，罗伯特·斯考伯和谢尔·伊斯雷尔所著的《即将到来的场景时代》一书指出了与场景时代相关的五个要素：大数据、移动设备、社交媒体、传感器、定位系统。这是“场景”的五大要素。那么，在完成了这几个“硬件条件”后，从互动角度来看，“场景”的确立更是一种情感力量的建立与共享。“互联网+”时代，广电媒体要坚定用户思维，在实际实践中就应该加强与用户的互动。根据美国社会学家兰德尔·柯林斯提出的“互动仪式链”理论，仪式、互动仪式、情境、互动仪式链和情感能量是完成一个互动的关键词。而“情境”和“情感力量”是重中之重。

2015年央视春晚开启“抢红包”大战，透过对这种全新的社会交往的形式的探究，我们发现它其实就是对“场景”的一次有效利用。首先，在“春晚”这一陪伴中国人的互动仪式链中，“红包”作为全新的“符号资本”，完成了在这一特定时间节点，中国人内心的一次情感交往——“拜年”。因此，在这一个互动交往中，人们的关注重点已经从“资本关注”转移到了“情感关注”。这一“抢红包”场景更多的是构建了中国传统节日的文化共享。这才是“广电媒体+互联网”时代，在互动上应该深度挖掘的本质，而并非是简单地停留在“摇一摇”这样的技术层面。

最后，在大型晚会、赛事等直播性节目方面，虽然有乐视体育等互联网公司的出现，但无论是直播技术、转播技术还是播音解说人员素质，都还不具备超强实力，不能撼动电视媒体在此方面的地位。因此，广电媒体依然是内容生产的主力军，当然，互联网对广电媒体在内容生产上也具有启发意义。

（三）“互联网+”和“电视+”：整体战略的调整

战略发展的制定是广电媒体融合转型的顶层设计，它直接解决的是“做什么事情是正确的事”的问题。虽然互联网渗透到了我们生活的许多方面，尤其是移动互联网的到来，给人们带来了便利，但是我们也不能否认，广电媒体在整合传播中仍然占据主导地位。重大社会事件在电视媒体上播出后，更容易在社交媒体——微博、微信上得到传播高峰，因此，广电媒体整合传播的能力依旧强劲。

在这样的情况下，中央电视台综艺频道与爱奇艺联手打造了大型明星互动魔术竞技真人秀节目《大魔术师》；2015年，优酷土豆网和北京卫视联手打造了《歌手是谁》；河南卫视联合爱奇艺，打造了《文学英雄》；腾讯视频和东方卫视开创了“慢综艺”——《我们15个》。这些联盟的成立，是在双方成员权利关系对等的基础上，产生的一种合作关系。电视的传播，给互联网视频网站带来了流量收益；而互联网对年轻人的吸引力，又增加了传统广电媒体的用户群。这种互动关系的建立，已经证明传统广电媒体的战略方向已发生转变，互联网时代，需要的就是这样的“竞合”。

另一重大战略布局是，传统广电媒体融合内部资源，打造航母级传媒集团。2014 年 5 月，中国广播电视网络有限公司挂牌成立，标志着中国电视有线重组和网络整合的启动，具有里程碑意义；2014 年 11 月 21 日，SMG 集团旗下的两大上市公司——百视通和东方明珠以合并换股吸收形式进行资产重组，并注入文广集团旗下东方购物、尚世影业、五岸传播和文广互动等优质资产，成为 SMG 集团新媒体转型的一个平台出口。由此可见，“集团化航母”的打造，将成为今后广电媒体发展的新动向。

（四）“互联网 +”和“电视 +”：盈利模式发生改变

众所周知，传统广播电视台的以“注意力经济”为中心，主要凭借优质的内容、垄断的传播渠道、吸引眼球的注意力，销售广告，从而获得盈利。然而，自从有了互联网的渗透，这种注意力便分散开来，包括央视在内的几乎所有传统电视台的广告收入，均呈现出下滑趋势。东方卫视综艺节目《女神新装》，将节目中的元素（衣服）作为商品，用户可以在线进行购买，实现了电视节目与电商的嫁接；《我是歌手 3》与“唯品会”合作，用户在观看节目时，通过扫描二维码抢得红包，便可以进入电商平台进行支付，实现了电视到线上的交易。这样，原来被动接收信息的用户，就成了平台中活动的数据，而根据这个数据，媒体又能挖掘与分析出用户真实的图谱，从而更好地为用户推荐合适的内容。在这样的循环下，传统广电媒体作为注意力贩卖者的方式得到了延伸，因为它参与到了用户普通的生活场景之中；而电视机也成了 T20 的入口，这时“羊毛”不再只出现在羊身上，它也出现在牛身上，并且由猪进行买单，这样复杂的盈利模式，在未来将成为主流。

同时，我们也应该看到，虽然传统广告收入呈现出下滑趋势，但是广电媒体尤其是电视媒体，其传播效力仍然很强，依旧是广告商品牌塑造的最高平台，尤其是互联网企业成了电视广告投放的重点，因此，“广电媒体 + 互联网”，需要的是双向互动的共赢，而绝非谁将替代谁的你死我亡。

（五）“互联网 +”和“电视 +”：政策的支持

在整个广电媒体进行改革创新的过程中，政府的政策起着重要的作用。政府是整个创新中的重要支点，是制度创新的主体。2014 年 8 月，在中央全面深化改革领导小组第四次会议上，习近平总书记强调，要推动传统媒体和新兴媒体融合发展，强化互联网思维，坚持传统媒体和新兴媒体优势互补、一体发展，形成立体多样、融合发展的现代传播体系；2015 年 3 月两会上，国务院总理李克强又在政府当年的工作报告中提出政府将制定“互联网 +”行动计划。这些政策的出台，为广电媒体的创新营造了一个良好的社会环境，并在传播理念上做出了指导。这是在这个时代，我们必须清晰认识到的问题。

由此，核心系统和辅助系统共同构成了广电媒体创新的模型，推动着创新的实现。可以看到，在新时期的广电媒体创新，主要需要把握下列三个关键词。一是“移动”。随着智能手机的普及以及网络技术的全面覆盖，移动互联网随之而来。虽然电视仍然是最中心的那块屏幕，但是多屏的出现影响着整个节目生产与运作。针对不同屏幕背后不一样的用户以及用户习惯，制作不同的内容，是广电媒体需要进一步解决的问题。二是“互动”。互联网时代是一个连接、互动的时代。广电媒体要与用户互动，打造各式各样的场景，以吸引用户的进入；还要与渠道互动，最大化地实现双方的共赢；与技术互动，用科技塑造用户的认知；当然还需要与政府互动，以得到政策方针的支持。可以说，“互动”远不仅仅指在节目生产中的互动，它深入到了整个行业系统，甚至各个环节，这是新时代的最大特点。三是“主动”。在“互联网”的海洋，广电媒体依旧有自身的优势与特点，但也应该清楚看到自身所面临的挑战。因此，放下曾经一家独大的姿态，主动与互联网对话，寻求合作，实现优势互补，才是广电人较为智慧的做法。

第六节　互联互通与信息安全

现阶段三网融合主要指高层业务应用的融合，而不是指三大网络的物理整合，但表现在技术上将趋于一致，如在网络层可以实现互联互通，形成无缝覆盖，业务层上互相渗透和交叉，应用层上趋向使用统一的 IP 协议等，这将导致运营商在经营上的互相竞争、互相合作，并更好地向用户提供多样化、多媒体化、个性化和高质量的服务，同时行业管制和政策方面也将更加规范和统一。

从服务形式上看，三网融合无疑会给用户带来很大方便，丰富人们对信息的获取和共享方式，如可以在电视机前拨打可视电话，点播自己喜欢看的电视节目，在手机上看电视，甚至将自己录制的视频共享给亲友甚至更大的用户群体等。但是，这种新业务模式的改造和转型必将面临诸多新的信息安全挑战，也有一些在三网融合之前曾遇到的网络安全问题可能会在三网融合之后变得更加敏感。因此研究分析三网融合下的信息安全问题，将有助于三网融合的健康发展，使用户在享受更好网络通信服务的同时，有绝对的信息安全保障，也可对保障国家安全和推进和谐社会发展起到积极的作用。

一、三网融合的信息安全情况

为了研究三网融合下的信息安全问题，并进一步提出针对三网融合特征的信息安全解决方案，必须认清以下两个问题：一是三网融合相对传统的网络有什么特征；二是现在已有的网络安全解决方案在三网融合环境下有哪些局限性？

三网融合意味着将电信网、广播电视网和互联网进行技术改造，使其成为能够提供包括语音、数据、图像等综合多媒体的综合通信业务平台。其中互联网将成为网络载体的核心，而电信网和广播电视网将更多地侧重于互联网平台上的业务服务。为实现这一目标，要求多方面的标准化和统一性。①数据格式的统一（信源）：如电话、数据和图像信号都可以通过统一的编码进行传输和交换，所有业务在网络中都将成为统一的“0”和“1”的比特流；而且许多多媒体数据需经过统一的压缩处理，以适应不同终端的需求。②通信协议的统一（信道）：如统一的 TCP/IP 协议，或无论传输使用无线网络（移动通信、卫星通信、光通信等）还是有线网（金属线或光纤），都能安全可靠地传输数据。③通信终端接口的统一（信宿）：无论接收终端是掌上电脑、台式计算机，还是大屏幕电视，都可以正确识别数据类型并能正确接收。不过，这里所说的统一是一个广泛的概念，指那些被通信单元广泛识别和处理的技术手段，如国际标准和工业标准等，因此统一不等于唯一。从信息安全的角度看，三网融合需要有统一的认证鉴权技术。

在工作模式上，三网融合后的网络服务平台为人们提供的将不再是简单的信息发布，而是用户可以在某种程度上与服务平台实现互动，如选择节目、在线投票甚至将自己制作的多媒体内容在一定范围内共享和分发等。目前在互联网上虽然可以实现类似的数据共享业务，但共享群体规模比三网融合所提供的平台要小得多。而规模的大小将直接影响某些信息安全指标的重要程度。比如一个共享的多媒体数据，如果涉及非法宣传的内容，当共享用户规模较小时，可以通过网络监管的方式进行过滤监督，但当共享人群很大（如相当于一个广播电视频道的收视群体时）时，通过网络监管的方式是不合适的，即便发现后立即进行制止，很可能也已经为时已晚。特别是当所提供共享数据的来源不可控制时，更可能带来一些社会问题。

二、信息安全性评估分析方法

（一）网络拓扑设计的安全评估

网络拓扑是由网络节点设备和通信介质构成的网络结构图。网络拓扑设计符合安全标准是网络稳定可靠运行的基础。不同的网络拓扑设计都有着自身的安全评估。

常见的网络拓扑结构设计标准有总线型、星型、环型、树型和网状等。每一种拓扑结构都有着自身的安全评估。

1. 总线型拓扑

总线型拓扑采用单根传输线作为传输介质，它将所有入网的计算机通过相应的硬件接口直接接入到一条通信线路上。为防止信号反射，一般在总线两端连有终结器匹配线路阻抗。

所有端结点都连接到传输介质或称总线上。任何一个结点发送的信息都可以沿着介质传播，而且能被所有其他的结点接收。由于所有的结点共享一条公用的传输链路，所以一次只能有一个设备传输数据。通常采用分布式控制策略来决定下一次哪一个结点发送信息。

总线拓扑的安全评估：

总线拓扑的优点是，结构简单，易于安装和维护，价格相对便宜，用户结点入网灵活。

总线拓扑的缺点是，同一时刻只能有两个网络结点相互通信，网络延伸距离有限，网络容纳结点数有限。由于所有结点都直接连接在总线上，因此任何一处发生故障都会导致整个网络瘫痪。

2. 星形拓扑

星形拓扑是以一个节点为中心的处理系统，各种类型的入网计算机均与该中心节点通过物理链路直接相连，其他节点间不能直接通信，通信时需要通过该中心节点转发。

星形拓扑以中央结点为中心，执行集中式通信控制策略，因此，中央结点相当复杂，而各个结点的通信处理负担都很小，又称集中式网络。中央控制器是一个具有信号分离功能的“隔离”装置，它能放大和改善网络信号，外部有一定数量的端口，每个端口连接一个端结点。常见的中央节点如 HUB 集线器、交换机等。

星形拓扑的安全评估：

星形拓扑的优点是，结构简单，管理方便，可扩充性强，组网容易，容易检测和隔离故障，便于维护。利用中央结点可方便地提供网络连接和重新配置；且单个连接点的故障只影响一个设备，不会影响全网。

星形拓扑的缺点是，属于集中控制，主节点负载过重，如果中央结点产生故障，则全网不能工作，所以对中央结点的可靠性和冗余度要求很高。

3. 环型拓扑

环型拓扑是指将各台联网的计算机用通信线路连接成一个闭合的环，每台设备都直接连接到环上，或通过一个分支电缆连到环上。在环形结构中，信息按固定方向流动，或按顺时针方向，或按逆时针方向。

环型拓扑的安全评估：

环型拓扑的优点是，一次通信信息在网中传输的最大传输延迟是固定的，每个网上结点只与其他两个结点通过物理链路直接互联，因此，传输控制机制较为简单，实时性强。

环型拓扑的缺点是，环中任何一个结点出现故障都可能会影响全网运行，因此可靠性较差。为了克服可靠性差的问题，有的网络采用具有自愈功能的双环结构，一旦一个结点不工作，可自动切换到另一环路上工作。此时，网络需对全网进行拓扑或对访问控制机制进行调整，因此较为复杂。

4. 树型拓扑

树型拓扑是从总线拓扑演变而来的，它把星型和总线型结合起来，形状像一棵倒置的树，顶端有一个带分支的根，每个分支还可以延伸出子分支。在这种拓扑中，有根存在，当结点发送信号时，根接收该信号，然后再重新广播发送到全网。

树型拓扑的安全评估：

树型拓扑的优点是，易于扩展和故障隔离。树型拓扑的缺点是，对根的依赖性太大，如果根发生故障，则全网不能正常工作，对根的可靠性要求很高。

5. 网状拓扑

网状拓扑分为全连接网状拓扑和不完全连接网状拓扑两种形式。在全连接网状拓扑中，每一个结点和网中其他结点均有链路连接。在不完全连接网状拓扑中，两节点之间不一定有直接链路连接，它们之间的通信，依靠其他节点转接。

网状拓扑的安全评估：

这种网络的优点是，节点间路径多，碰撞和阻塞可大大减少，局部的故障不会影响整个网络的正常工作，可靠性高，网络扩充和主机入网比较灵活、简单。其缺点就是这种网络关系复杂，建网和网络控制机制复杂。

以上介绍的是最基本的网络拓扑结构，在组建局域网时常采用星型、环型、总线型和树型拓扑结构。树型和网状拓扑结构在广域网中比较常见。但是在一个实际的网络中，可能是上述几种网络拓扑结构的混合。

在选择拓扑结构时，主要考虑的因素有安装的相对难易程度、重新配置的难易程度、维护的相对难易程度等。所以各种拓扑的安全评估对于网络的安全设计起着非常重要的作用。

（二）信息系统设计的安全评估标准

信息作为一种资源，它的普遍性、共享性、增值性、可处理性和多样性，使其对于应用者具有特别重要的意义。信息系统安全是任何国家、政府、部门、行业都必须十分重视的问题。

信息系统安全建设涉及网络基础架构、数据库软件、应用软件、用户管理、访问控制等许多方面，几乎涵盖了整个IT系统和使用IT系统的用户。为了解决这一相关问题，我们迫切需要一种可以对信息系统安全进行定性的评估方法。

1983年美国国防部首次公布了《可信计算机系统评估准则》（TCSEC）以用于对操作系统的评估，这是IT历史上的第一个安全评估标准，1985年公布了第二版。TCSEC为业界所熟知的名字“桔皮书”则是因其封面的颜色而得来。后来又发布了可信数据库解释、可信网络解释等一系列与TCSEC相关的说明和指南，由于这些文档发行时封面均为不同的颜色，因此常被人称为“彩虹计划”。

在TCSEC中，美国国防部按处理信息的等级和应采用的响应措施，将计算机安全从高到低分为A、B、C、D四类八个级别，共27条评估准则。随着安全等级的提高，系统的可信度随之增加，风险逐渐减少。

D类是最低保护等级，即无保护级，只具有一个级别，该类是指不符合要求的那些系统，因此，这种系统不能在多用户环境下处理敏感信息。

C类为自主保护级，具有一定的保护能力，采用的措施是自主访问控制和审计跟踪，一般只适用于具有一定等级的多用户环境，具有对主体责任及其动作审计的能力。

B类为强制保护级，主要要求是可信计算基（TCB）应维护完整的安全标记，并在此基础上执行一系列强制访问控制规则，B类系统中的主要数据结构必须携带敏感标记，系统的开发者还应为TCB提供安全策略模型以及TCB

规约。

A 类为验证保护级，特点是使用形式化的安全验证方法，保证系统的自主，能够有效地保护系统中存储和处理的秘密信息或其他敏感信息，为证明TCB 符合设计、开发及实现等各个方面的安全要求，系统应提供丰富的文档信息。

我国在信息系统安全的研究与应用方面与其他国家相比有一定的差距，但近年来，国内的研究人员已经在安全操作系统、安全数据库、安全网关、防火墙、入侵检测系统等各个领域做了许多工作，1999 年发布的国家强制性标准《计算机信息系统安全保护等级划分准则》为安全产品的研制提供了技术支持，也为安全系统的建设和管理提供了技术指导。该标准是我国计算机信息系统安全保护等级系列标准的第一部分，其他相关应用指南、评估准则等正在建设之中。

《计算机信息系统安全保护等级划分准则》规定了计算机系统安全保护能力的 5 个等级：第 1 级，用户自主保护级；第 2 级，系统审计保护级；第 3 级，安全标记保护级；第 4 级，结构化保护级；第 5 级，访问验证保护级。该标准适用于计算机信息系统安全保护技术能力等级的划分。随着国内计算机行业的飞速发展，计算机信息系统安全保护能力将随着安全保护等级的增高而逐渐提高。

（三）网络信息的安全评估标准

信息技术安全评价的通用标准由六个国家（美、加、英、法、德、荷）于 1996 年联合提出，并逐渐形成国际标准，它是评估信息技术产品和系统安全性的基础准则。该标准针对在安全性评估过程中信息技术产品和系统的安全功能及相应的保证措施提出了一组通用要求，使各种相对独立的安全性评估结果具有了可比性，并且该标准提出了目前国际上公认的表述信息技术安全性的结构，即把安全要求分为规范产品和系统安全行为的功能要求及解决如何正确有效地实施这些功能的保证要求。

三、三网融合下的信息安全问题

针对三网融合平台，对网络传输的数据，特别是某些广播或组播的大规模共享数据，需要寻求特定有效的管控手段，这是相比传统网络安全而言比较特殊的安全需求，即三网融合下的内容安全问题。三网融合下的信息安全关键技术主要包括如下几个方面。

（一）三网融合下的认证机制、网络安全、系统安全问题

虽然在现有网络环境下，互联网和移动网各自在认证机制、网络安全和系统安全方面都有多种解决方案，但是在三网融合环境下，需要有统一的认证机制，因此需要对现有认证机制进行改造融合，充分发挥已有认证机制的特点，为三网融合下的认证机制服务。比如在互联网上的认证一般需要有公钥证书的支持，而移动网上的认证只需要基于预置密钥的对称密码挑战应答方式即可。如果将两者结合，即三网融合下一些与移动网平台紧密相关业务的认证可以使用两者结合的认证方式，比如让移动网络部分继续使用预置密钥的认证方式，而在互联网阶段，只需要对移动网运营商进行认证即可，这样可以只需要移动运营商（或某些运营商节点）的公钥证书，而不需要每个用户都有自己的公钥证书，这样会在实际操作中减少公钥证书的管理代价（包括计算代价、通信代价、管理成本等）。因此三网融合环境下的认证机制应该跟具体应用类别相关，单一的认证模式是不现实的。

三网融合环境下的网络安全问题将更加突出。因为在现有网络中，从互联网接入无线移动网受到很大限制，而在三网融合环境下，由于业务的需求，将有更多地从互联网到无线移动网的接入访问，这样就会给无线移动网络的安全带来更大的挑战。传统的移动互联网的信息安全防护措施很可能并不能很好地应对新形势下的安全威胁，需要结合一些针对互联网的安全防护技术，而且需要一些兼容两种安全防护于一体的网络安全防护技术。

三网融合对系统的安全将带来更大的挑战，其中终端安全就是一个重要且现实的问题。三网融合后许多终端设备，包括移动终端设备，将直接连接到互联网，而互联网对终端系统的攻击方式层出不穷，防不胜防。这些由于体积有限而功能受限的终端设备可能需要加强和优化信息安全方面的保护，这样才能有效应对种类繁多的网络攻击。因此三网融合下的系统安全将是一个重要的技术挑战。

（二）三网融合下的内容安全问题

1. 内容安全问题的重要性

三网融合环境下除了认证机制、网络安全和系统安全将遇到的新挑战，还有一些问题值得我们重视，这类问题多与上述安全问题有密切联系。如密钥管理问题与安全认证就有着直接的联系，密钥管理一般与认证是分不开的。

三网融合下的另一个特殊问题是内容安全，这在传统网络中未得到足够重视，原因是其安全威胁尚不够可怕。但在三网融合环境下，内容安全问题

将会更严重地关系到社会的安全。

实际上，在互联网环境下，内容安全已经得到了有关部门的重视，一些提供互联网业务的服务平台开始根据国家需求对互联网上传输的内容进行一定程度的监管。最近，美国也启动了深度包检测计划（DPI），旨在进一步加强内容安全方面的监管力度。可见，内容安全已经越来越受到重视，在三网融合环境下，内容安全无疑是一项重要的安全防护目标。

内容安全的防护从直观上应该是对内容进行监督分析，使其在发布的同时甚至发布之前就能被识别。但是经验告诉我们，对网络数据内容的分析监督是何等的困难。垃圾邮件是一种被众人厌恶的网络骚扰，但多年积累的技术对垃圾邮件的治理效果仍然十分有限，一些精心设计的垃圾邮件还是能顺利通过许多垃圾过滤软件的监管。目前对垃圾邮件的过滤多是通过学习过程，即用户收到垃圾邮件，可向网络端进行汇报，网络端经过特征分析，可望在后来截获类似特征的邮件时将其过滤掉。但这是事后行为，只适合垃圾邮件的过滤，因为用户不会同时收到相同的垃圾邮件。这种技术不适合三网融合环境下的数据过滤，因为如果许多用户几乎在同一时间收到垃圾邮件或其他类型的数据，再让系统进行学习并记录特征早为时已晚。

但是，对内容的分析也不是没有效果，许多特殊类别的内容过滤还是能取得很好的效果。比如对黄色内容的过滤就可以根据黄色内容的颜色特征进行分析，但如果发布者将黄色内容变成黑白两色，则上述方法的效果会明显变差，当然变色后的内容在宣传效果上也会降低。针对这一特殊类型的内容防护，可以设计不同等级的内容防护。当遇到内容特征不是很容易提取甚至容易隐藏的数据类型时，如音频，甚至普通多媒体的水印图像，则很难通过内容特征匹配方面的技术进行过滤。更具挑战的是，对内容保护的技术在攻击者看来是公开的，而攻击者的手段是秘密的，至少在攻击之前是这样。因此让公开的技术防护未知的攻击是很困难的，特别当一些攻击手段专门针对已有防护技术进行攻击时更是如此，因此要做到提前防护的确是很大的技术挑战。

2. 内容安全的监管

上述讨论似乎给出这样的论断，即内容防护很困难。根据我们的经验和现有网络环境下的一些实例，内容防护仅从内容特征分析的确很困难，这与三网融合环境没有太大的关系。但这并不意味着内容防护没有好的办法。这里我们试图探讨另一种途径，即通过技术手段和行政管理相结合的方式，使其在实际中达到内容监管的效果。

在行政管理方面，对连接到网络的用户进行分类，如广播通信类，目标用户主要是授权的广播电视发布机构；组播通信类，目标用户主要是授权的网络服务平台的管理者；普通用户类，包括所有不属于上述两种类型的用户。另外，对广播通信平台进行授权管理，即哪些网络平台是合法的广播电视多媒体的服务平台。在这种行政管理准备前提下，网络内容的安全监控可以按照如下步骤进行：

①广播通信和组播通信业务都需要对用户进行安全认证，确认数据来源是授权的合法用户，并且用户要对广播或组播的内容进行承诺；该认证由授权的广播通信平台负责。如果通过某种途径（事前或事后）证明某个广播或组播内容是应该被禁止的，则来源用户将对其所造成的后果负有不可推卸的责任，除非该用户可以将责任追溯到他人。在实际应用中，广播通信用户还需要对广播通信平台进行认证，否则可能会造成经济损失，但这不是内容监管所考虑的问题。

②监管部门对除授权的广播通信平台之外的平台进行定期检查，看这些平台是否发布广播通信类业务。一旦发现，无论这些通信类业务本身的内容是否有问题，都将根据有关法律法规对运营者进行惩罚。检查业务类型比检查业务数据内容要容易得多，因此具有操作的可行性。

容易看出，上述规定并没有影响三网融合对服务便利性的影响。仅是广播通信类业务发布信息的途径发生了根本性变化，但普通用户发布信息的途径与当前通过互联网的情况基本一致，当然普通用户可能会有更多的终端设备使用，如多媒体数字电视。

需要说明的是，上述对数据内容安全监管的方法简单地说就是谁发布谁负责。是否会存在“勇敢者”敢冒天下之大不韪，明知内容非法却仍进行广播或组播呢？这种可能性与目前情况下某个广播电视台从当前的广播电视网发布这些信息的可能性是一样的，而且成功的可能性会比较低，因为通过多媒体网络服务平台进行发布时，该平台要使用技术和人工相结合的手段对内容进行检测过滤，即使检测手段有许多漏报情况，也比现在完全依赖广播电视台的情况要好。

但是，对内容安全的监管还没有可靠的具体实施方案，因为这不仅仅是管理方面的问题，还涉及为管理所提供的技术支持，这些相关技术包括如下几方面的问题：

①如何为用户进行授权？如何为网络平台进行授权？虽在技术上已有许多成熟的手段，但对三网融合这一具体产业架构，需要在管理层面解决这一问题。

②对不同类别的用户应分别使用什么认证方案？使用哪种数字签名方法和哪种协议来提供认证服务？这些则是需要根据需求进一步分析和研究的。

③存在哪些可能的攻击（假冒、重放、拒绝服务等）和使用什么预防、灾难恢复等方案？这些问题不仅需要严谨的科学分析，还需要人们持续地去研究和探索。尽管目前有许多种密码算法可选，有许多种认证协议可用，有许多种网络安全方法可采纳，但是，一个安全可靠的系统的建立绝不是将这些方法进行简单的组合。因此科学的分析和论证，特别是对整体安全解决方案的有机整合是解决三网融合信息安全问题的必要途径。

除了技术上有许多问题需要解决外，在管理方面也有一些问题需要解决，比如，如何对用户进行分类？如何对授权网络平台进行审核审批？谁来负责授权？这些问题的解决将对规范三网融合后的网络管理和使用，特别是保障三网融合安全健康地发展具有重要意义。

总之，内容安全很难通过某种尖端设备来过滤，但可以通过一个安全系统来实现。

（三）三网融合下对电子财产和电子财产知识产权的保护问题

我们都知道要保护国家财产、企业财产、个人财产等，通常我们对这些财产的理解都是有形的，即看得见摸得着的。近年来，国家也逐渐开始重视对无形财产的保护，如对民俗文化遗产的保护。但是，对电子财产的保护还很不够。所谓电子财产，即所有以电子形式存在且有价值的数据，如图片和多媒体就是典型的电子财产。我们除了要对电子财产本身进行保护外，在一定条件下还需要对其知识产权进行保护，即电子财产的内容虽然可以被使用（或消费），但使用者必须遵守一定的规则，而不能非法使用（如非法篡改）。如何保护电子财产和电子财产的知识产权一直是一个重要研究课题。

目前对图片、多媒体等类型的电子财产已有一些保护方法，通常的认证就可以提供对这类财产的保护，因为它们可以压缩后被当作普通数据来处理。对这类电子财产知识产权的保护也有一些技术方法，如水印技术、指纹技术等。但计算机软件作为一类特殊而且重要的电子财产，人们对其本身的保护以及对其知识产权保护方面的研究都不够，一些企业的解决方案缺乏理论支持，不具有可发展性。三网融合环境给人们提供了更多合法和非法获取这些电子财产的机会，因此加强对电子财产的保护及对其知识产权的保护是三网融合时代人们面临的另一项重要的挑战。

四、发展建议

当前我国各职能部门正各自为三网融合的发展做着积极的准备，各相关企业也异常活跃，特别是网络运营商更是在为三网融合的发展进行着多方面的积极筹备。同时，相关的标准规范也在制定中。但是从长期可持续发展方面看，三网融合的终极目标除了需保证其功能外，更应重视其性能，其中信息安全保障就是重要的性能指标。

2009年美国提出了对深度包检查（DPI）的发展战略，以加强对互联网上传输数据的检控能力。三网融合将拓展互联网的功能，这无疑会增加互联网上传输的数据类型和来源，因此对数据包进行深度检测就显得更为重要。但是，对数据包深度检测不能仅从字面上理解，应该从其根本目标上理解。正如上述分析所表明的，如果仅仅对数据包本身进行深度检测，则效果非常有限。为了更好地实现对网络数据的监管和管控，需要制定安全监管的整体方案，并且需要改进对数据包进行深度检测的技术手段。前者是解决问题的根本，后者则起到辅助作用，为前者提供一些技术帮助，目的在于节省人力成本。

然而，根据笔者所了解的情况，目前国家对三网融合安全方面的投入除了加强传统的互联网和移动网安全外，新增投入主要是对数据包本身的检测方面，缺乏对网络监管整体系统的研发投入。在当前的网络监管能力很有限的情况下，只有将当前的行政管理手段同密码技术相结合，特别是将认证技术和电子证据技术相结合，才能更好地服务于三网融合下的安全监管。

总之，三网融合所带来的信息安全挑战，除了目前网络和系统所面临的安全挑战外，更突出的是安全监控和知识产权问题。如何解决好这些问题关系到三网融合的健康发展。解决这些问题不能单一依赖技术手段、管理手段或政策措施，而应该将这些手段有机地结合，这样才能更有效地提供三网融合所期望的服务。

最后要强调的是，对一个系统的信息安全保护不是单凭一个插件或设备就可以实现的，必须要有一套完整的安全体系和配套的安全解决方案。

第四章　传统广播电视与新媒体技术融合的举措

第一节　融合时代传播方式的嬗变

一、融合时代传播方式生态环境的变化

大数据、云平台、社交性、平台化是融合时代最具代表的关键词。有了移动互联网，整个世界都被压缩在各个移动终端上。移动互联网的生态系统庞大而繁杂，这其中，新的媒体生态环境和生态关系也逐渐成了网络生态文明的重要内容，媒介社会化和社会媒介化正在不断渗透，不断影响着融合时代的媒介生态环境。

新媒体在新技术的催生下迅速开始裂变，从门户网站、社交平台，再到个性化推送，移动互联网生态不断裂变，改变了传统信息流通的路径，重构了信息传播的结构。传统媒体的用户规模迁徙流转，媒体属性加快泛化。这正是云平台、大数据、智能终端、多元传播以及移动化传播等给媒体传播方式带来的影响。

在融合时代，眺望整个融合生态，新媒体只是整个冰山浮出水面的一角，冰山下面，是涌动不息的新技术浪潮和日新月异的受众用户体验。虚拟技术的不断进步打造了全新的信息形态，标志着可视化的读图时代、定制化的大数据时代的到来。

而传播方式，也不再如从前，笼罩在完整、单一、有序的媒体生态环境中，而是处在裂变速度越来越快、功能越来越丰富、碎片化程度越来越高的新媒体环境中，成了新媒体的冰山一角。

具体来看，融合时代，传统广播电视所面临的生态环境变化主要表现在以下两个方面。

（一）媒体融合进程与网络发展同步

在融合终端的发展中，技术底层的原理决定了内容的形态和传播的方式，即技术支持发展到什么程度，融合就能发展到什么程度，具有明显的技术决定论色彩。

从通信技术来看，2G 网络时期，无论是带宽、硬件水平还是网络流量费用都无法为电视行业走向互联网提供可能。经过 3G，移动通信进入了 4G 时代。4G 是全 IP 数据类型的网络，它的产生使得通信的必要条件已经不再是移动信号的覆盖，而是只需要有线或无线网络即可部署并扩展至全部区域，几乎可以满足所有用户对无线服务的需求。同时，硬件水平也在不断进步，从非智能手机，到可扩展 JAVA 程序的手机，再到如今全触屏的智能手机。硬件技术是基于移动通信技术的发展而进步的。除此之外，流量使用资费的大幅下降也随之而来。这些技术上的发展，虽然是旨在改善、提升所有人类的生产生活方式，但广播电视行业也在这次通信技术的变革中感受到了福利。

较低的流量资费和大面积部署的无线网络，使用户随时随地使用手机、PAD 等移动终端观看电视节目成为可能；硬件作为融合的物理平台，成了用户、互联网、广播电视网络三者之间的纽带，硬件的多媒体支持功能和高度扩展性让广播电视行业获得了进军互联网领地的机遇；通信技术的高速发展让硬件有了高速传播高清画面和优质音频等的条件。这种情况下，正是网络技术的发展，引发了广播电视行业的一次深刻变革。

（二）技术特性决定传播特性

纵观各省级电视媒体，当下在融合端的发展基本都与湖南卫视相似，分别在微博、微信和自己研发的 APP 三个平台做内容推送。

微博和微信平台，都属于电视媒体借助的第三方平台。电视节目在该平台上的传播内容形态和方式都有明显的原有框架的影子。二者的技术底层和设计定位不同，微博原本是以发布短小信息为主的平台，因此其平台上的节目传播是一对多、点对点的蒲公英模式，内容碎片化程度高；而微信则是以打造用户与用户之间强关系为主的社交软件，因此该平台上的内容传播则以一对一的方式为主，实现节目内容的个性化推送，并通过微信用户之间的强关系，营造类似“口碑营销”的传播方式。

手机 APP 客户端则是从电视媒体的需求出发，进行个性化定制的应用软件。因此，其上的内容常为母台资源的再度整合，以提供节目视频为主。在笔者看来，它是技术带给传统电视业最大的恩惠。传统广播电视业需要在融合端实现何种功能，创造何种内容形态，如何创新传播方式，都可以通过技术来编译实现。如有的传统电视台实现了摇一摇、扫码等的互动形式，有的构建了自己的社交论坛等。但由于 APP 的研发编译是巨大的工程，所以在软件编译成功后，其原本设定的大框架将很难再进行改动，只能通过不断地更新来优化。因此，对于电视业来说，自行定制的手机 APP 不仅是最灵活最个性化的终端平台，还是极为庞大的平台。

二、电视节目在融合端的发展战略

（一）打造以用户为受众的传播战略

传统媒体背景下，信息的接收者一般称为受众。但如今，受众一词在融合媒体时代逐渐被淡化，“用户”一词反而越发受人青睐。概念和观念的变化，将带来行为的改变。用户，不仅成了电视与网络进行媒体融合过程中的消费者、接收者，更成了内容的再生产者。他们对融合平台上的电视内容进行再创造、分享和评论，刺激了电视内容的再生产，加快了内容的多级分发传播。

目前，围绕用户，电视在进行媒体融合发展时，应注意发展视频业务，注重建设服务性能强的应用平台。

第一，视频化。用户观看电视节目已经进入多屏合一的时代。屏幕的种类繁多，如平板、手机、电脑、电视等。在这些常见的平台上，相比图片、文字和声音，视频的吸引力更大，因此视频业务是吸引用户和发展用户的重要手段。电视应在媒体融合的过程中，重点打造网络视频业务，增加移动网络端的内容吸引力和冲击力，聚集、扩展更多的用户。

第二，社交服务化。通过上文的分析可知，电视行业在与互联网融合的过程中，开发自己的手机 APP 是共同的做法。但纵观各手机 APP，其平台上的内容黏性以及服务性都相对较弱，使得其没能成为电视和互联网融合的纽带，反而成为鸡肋。

电视媒体应注重手机 APP 的内容黏性，让该平台的内容与电视平台上的内容有区别，让其传递的内容信息更具个性化，拥有更多附加值，注重其服务化和社交性能。增强软件平台的用户自制、用户定制、用户订阅和个性化的推送功能。除此之外，还要注重其他多元功能的开发，如移动支付功能。

以多元的融合产品为基础，以用户为核心，是电视媒体进行融合发展的有效途径。

（二）建立以新型产品为导向的生产战略

广播电视的融合化发展，准确地说并非在融合平台上另起炉灶，而是要立足电视平台的内容，依靠传统的受众，打造全新的融合端的电视媒介生态系统。而用来填充这一生态系统的，应是同时具有电视特性和移动互联网特性的新型产品。

产品导向可有效地借助电视的品牌吸引传统受众转变为网络用户。产品，将成为用户进入新型媒体的入口；产品导向也有助于新媒体内容的细分和重组，有效的细分聚合将为个性化推送、个性化定制愿景提供便利；另外，产品导向有助于电视媒体将频道转变为平台，实现全媒体、高渗透的信息发布体系。

将传统媒体的各种资源、内容集合于产品上，围绕用户和客户，对产品信息进行增值创造，进行各种渠道的投放和发布，是电视与互联网融合的有效运营方式。

三、传播方式未来的转型和趋势

经过上文的分析，我们可以得出结论：不同移动终端的产生和应用为电视媒体在传播电视节目方面带来了新的机遇。而融合平台技术原理和设计方式的不同，将会促使电视节目的生产者创新内容生产思维、内容形态和运营模式等，由此，电视节目以新的形态、新的框架纷纷落户融合这片沃土，并跳出了电视媒体的传播框架，以一种互联网，尤其是移动互联网的思维在倡导内容生产和节目互动。

可见，电视节目在融合终端的发展是一种以电视节目为资源支持的、以计算机网络技术为技术支持的，作用于融合的一种新兴的节目生产方式。而这样看似微小且简单的创新应用，将给整个电视行业带来深刻的转型变革。

（一）运营方式：将频道变为产品，将渠道变为平台

原先的电视频道正在向 APP 产品转型。基于互联网的 APP 成千上万，电视 APP 仅仅是沧海一粟。和其他应用 APP 相同，电视 APP 也是围绕用户体验，在不断升级，不断迭代的过程中，完善美化 UI 设计，通过不断优化用户体验扩展用户数量，直到用户数量得以支持该应用可以投身商业市场，便开始其商业运营的道路。

在频道向应用 APP 转型的过程中，传统电视台的运营渠道也逐渐转型为基于互联网的技术平台。传统的电视节目制作播出后，将节目传输给受众的

责任落在卫星电视、有线电视及地面电视等网络渠道上，但在传统互联网转型的道路上，电视节目在融合终端上的传播将完全交由移动平台来处理。移动平台的强大集成性和可扩充的能力让电视节目的传播方式得到了整合，并为其在新环境下的发展提供了无限可能。

（二）受众：将客厅转变成移动终端

受众方面，传统的电视观众向用户转型。在研究电视的议题中，学者们常将节目接收者称为“受众”，但在研究新型传播媒介——互联网时，我们将信息的接收者称为“用户”。众所周知，广告商业模式是电视台必不可少的，也是最基本的商业模式。节目的收视率与广告的收入息息相关。但是对于一个综合的传统的电视台而言，对于传播学中的 who 和 where 两个因素，即电视台并不能明确地细分自己的受众是哪些群体，也不知道他们在哪里观看，而对于受众自身的兴趣喜好则更无从了解。但随着电视互联网的转型，APP 产品实现了电视台和个人之间一对一的交融影响，APP 平台可以建立完整的用户数据库，通过用户反馈可记录每一位用户的个人信息、习惯、喜好和收视行为等。而与这样一对一的反馈机制相适应的平台，非融合平台莫属。融合平台真正满足了用户随时随地进行简单反馈的需求，因此，在传统受众的互动行为方面，传统的集体式、客厅式享用电视节目的行为也正在向跨屏的、多屏的、分散的移动观看行为转型。

（三）技术上：从专网转变成公共互联网

技术方面，传统的电视传播技术以专网为主，如卫星电视网、有线电视网、地面电视网。而从目前的转型道路来看，专网将向互联网转型。互联网将整合各种原有传播专网，将节目进行多屏、跨屏分发。除此之外，互联网传播终端也会向高度智能化发展。

因此，综合上述所有转型趋势，未来的电视行业首先应注重发展其移动视频业务。其次，随着云平台、云存储的不断完善，一云多屏的传播模式成为必然，电视需要重视其社交化和移动化的互联网生产部署。最后，应利用互联网技术的优势，大力发展以用户体验为中心的内容产品，着力 PGC（专业生产内容）和 UGC（用户生产内容）模式，打造平台化、集成化、开放化的新兴传播平台。

第二节　广播电视业务融合策略的三个层面

2015年8月25日国务院办公厅印发《三网融合推广方案》，标志着三网融合工作进入全面推广阶段。该方案提出了全面推进三网融合的六项工作目标。一是三网融合全面推进。二是网络承载和技术创新能力进一步提升。三是融合业务和网络产业加快发展。四是科学有效的监管体制机制基本建立。五是安全保障能力显著提高。六是信息消费快速增长。该方案还指出，各地区、各有关部门要充分认识全面推进三网融合的重要意义，切实加强组织领导，落实工作责任，完善工作机制，扎实开展工作，确保完成推广阶段各项目标任务。国务院三网融合工作协调小组办公室要会同有关部门加强指导协调和跟踪督促，不断完善有关政策，及时解决推广工作中遇到的问题。各有关部门要进一步加强协调配合，形成合力，共同推进各项工作。

推进三网融合是党中央、国务院作出的一项重大决策。近年来，各地区、各有关部门认真贯彻落实国务院关于推进三网融合总体方案和试点方案有关工作部署，试点阶段各项任务已基本完成。在总结试点经验的基础上，加快在全国全面推进三网融合，推动信息网络基础设施互联互通和资源共享，有利于促进消费升级、产业转型和民生改善。

曾几何时，电视前所未有地影响和改变着社会，甚至成为人们生产生活难以分割的一部分。但是，电视以形象直观和手段丰富的优势，在获得人们普遍欢迎的同时，也逐渐让人们在收看电视的时候懒于思考和惯于接受。这也许就是进入崇尚“开放、分享、自由和创客”精神的互联网时代电视传媒生存与发展的死穴。由此，当推特、脸谱、天涯等社交网络，博客、微博、微信等社交媒体出现之后，电视以线性播出、整体传送、平台封闭等“非自由、不碎片、没开放、无互动”之类与互联网时代格格不入的缺陷，受到了基于互联网技术的众多新兴媒体的巨大冲击。

十年一觉扬州梦，未见琼花见落英。新媒体出现后仅仅十年光景，电视突然发觉年轻人已经悄然离去，观众年龄结构不断老化，人均收看电视的时间逐年下降，电视一下子“苍老”了许多。从20世纪的“时尚先锋”“现代传媒”，一下子被打入传统媒体行列，失去了耀眼的光环。电视用一个世纪构建起来的媒体霸权短时间内就被一个不到十年的媒体新锐动摇、侵蚀，后者大有超越之势。

一、无互联，不未来

2013年，在日经全球ICT论坛上，时任华为公司轮值首席执行官的胡厚崑说道："在互联网的时代，传统企业遇到的最大挑战是基于互联网的颠覆性挑战。为了应对这种挑战，传统企业首先要做的是改变思想观念和商业理念。要敢于以终为始地站在未来看现在，发现更多的机会，而不是用今天的思维想象未来，仅仅看到威胁。"

早提出互联网思维的百度公司创始人李彦宏说："我们这些企业家们今后要有互联网思维，可能你做的事情不是互联网，但你的思维方式要逐渐用互联网的方式去思考。"互联网思维内容和走向往往带来一个行业的重新组建和组合。这种案例已经在商业领域有了活生生的演示。这种改变不仅不会停止，还将逐步扩大到其他每一种行业，每个行业都终将被互联网重构和改变。

互联网应运而生，是因为摸准了现代人自我意识觉醒和自我表达愿望勃发的脉搏，并不失时机地为现代人提供了一个契合心理需求的开放、分享、体验和创造的平台。这个平台不仅涵盖电视所拥有的表现和传播手段，还拥有现阶段电视没有的技术和平台优势：社交化的传播渠道、碎片化的时空自由、个性化的自由选择、开放性的分享互动、创造性的成功体验，等等。以用户为中心，基于互联网的"新媒体们"所拥有的平台优势就是新媒体与电视竞争的"长板"。

从文字媒体到电子媒体，从电子媒体再到互联网媒体，纵观媒体的发展，传媒时代的更替表现在新兴媒体身上，基本都是长板叠加、不断优化的过程。而这个过程在互联网思维环境下则比以往任何时候更加迅速。新媒体的迅猛发展留不下足够的时间让电视媒体从容不迫地补齐自己"短板"，在完善自我以后再参与竞争。

在这种情况下，对于电视来说，互联网不仅是可以用来传输信号的渠道、分享内容的平台和提高效率的工具，还应该也必须真正成为电视人在互联网环境下从事新闻传播和媒体运营思维的起点。

二、先寄生，再图融

当然，相对于互联网，作为一个具有百年历史的传统媒体，电视仍然暂时保留有自己的传统优势，如从业人员的新闻传播素养和专业的内容生产能力、历史积淀下来的媒体品牌和机构公信力。但是，这并不是电视与生俱来的基因。这些后天养成和历史传承下来的发展惯性，不会被电视所一直独有。对于新生的、学习能力超强、最有办法满足受众需求的新媒体来说，补齐"短板”直至拥有这些基本素养，只是时间问题。

所以，互联网时代，电视要想在瞬息万变、一日千里的媒体和市场竞争中赢得先机、争取主动，必须采取以时间换空间的方式，放弃工业时代“补齐短板，独善其身”的旧有思维，采取“长板叠加，互利共赢”的新思维，谋求电视媒体与互联网媒体“取长补短、共融共生”的生动局面。

电视媒体人要快速调整媒体发展和经营理念，跳出电视办电视、电视办互联网媒体的旧框框，利用电视长期以来形成的专业内容优势和媒体机构公信力，选择时下最为流行和成功的社交媒体，开设一间售卖信息内容的“传媒店”，以尽快打开电视在互联网和融合平台上的“销售”窗口，在功能上实现与互联网平台的互联互通。

互联网本身不是媒体，它只是一种技术和一个开放平台，谁都可以使用。在拥有海量用户的成熟社交媒体上拥有一家销售电视内容的“网上店铺”，相当于企业在一个城市的商业区和闹市口开了一家店面，店面周边不但“业态齐全，而且人头攒动，消费能力旺盛”，把“电视传媒店”开在这里，不仅将大大节约其市场“推广费用”，还将为从互联网上导入电视需要的受众、大量吸纳用户提供人流支持。这间有品牌号召、有质量保证、有信誉口碑的“电视传媒店”不火才怪。我们姑且称这种融合为“寄生式”媒体融合。

比起自建运营社交媒体，“寄生式”媒体融合“只求平台为电视所用，不求平台为电视所有”，借道行车、借船出海，可以低成本、快速地完成与互联网的互联互通，实现“电视＋互联网”，构筑分享电视的线上入口。

这是现阶段电视媒体特别是互联网思维欠缺、人才匮乏、实力不强的电视媒体在媒体融合的初始阶段，以内容和公信力优势与互联网的平台优势“长板叠加”的现实选择。这种做法能够有效缩短和互联网媒体的融合过程，更快地训练思维、培养人才、积攒经验，更好地节约时间和投资成本（电视机构选择自建社交媒体平台的鲜有成功的案例）。

三、自我再造，实现融合共生

“寄生式”融合只是电视实现与互联网“长板叠加”的一个技术性步骤，旨在快速解决电视进入互联网的功能性入口，尽可能地吸纳电视需要的大量用户，是一种竞争性融合。电视要通过这种融合，在尽可能维持和强化自身传统优势的同时，为自己更换互联网大脑，植入互联网基因，在以下五个非技术层面实现彻底转型（平台建设和多屏融合推送等技术内容不在本文讨论范围）。

其一，适应互联网传播社会化，认同新的角色定位。互联网这个平台将采集、发布和评论的权力几乎随意地赋予了所有人。这解构了电视媒体在人类交流信息世界中的特权地位，让普通个人与媒体机构拥有了平等的地位。新闻传播至此从传统媒体的精英传播时代进入自媒体的大众传播时代。这个时候，信息传播的主动权已经移位，互联网平台上的传播已经最大限度地实现了社会化。传统的信息采集者、发布者、传播者和消费者（受众）之间的界限已经不再明晰。人人都是“通讯社”，个个都是“麦克风”，谁谁都是“评论员”。每一个人都可以很容易地从一个信息的消费者（受众）转变为信息的采集者、发布者和传播者，甚至是观点的提供者和完善者，而且在无数轮的传播中互有交汇、互有碰撞。在这种蕴含各种可能方向的新闻信息采集、发布、传播、消费的过程中，每一次交汇都是一次主动选择，每一次碰撞也是一次被动选择，机会平等，途径无限。可以是你，也可以是他，但不一定是电视。只有电视适应了网络这种生态的传播，掌握了互联网环境中的传播规律，网民才能让电视变得更强，让电视传播变得更加有效。

其二，以用户为中心，重构电视媒体宣传、经营、管理流程。转型后的电视宣传、经营、管理的业务模式必将产生根本变化。比如在宣传业务流程上，首先要按照“用户至上”的互联网精神，克服电视“多层审核、线性播出、整体传送、封闭运行”的传统缺陷，以“自由、碎片、开放、互动”的要求，变采、编、审、发串联式工序为并联式工序。其次，要根据互联网传播中信息采集者、发布者、传播者和消费者（受众）之间的界限已经不再明晰的变化，依靠大数据等互联网技术，更加重视信息传播的过程分析和信息发布后的管理，把“关口前移、先审后播、重审重播”的发前管理，改为“即播即审、跟踪过程、掌握需求、确认效果”的发后管理，根据传播趋势，杂糅网民的创见，引导完成话题设置、内容挖掘、信息聚合、发布分享、评论互动等过程。在宣传业务流程再造的基础上，改造电视媒体传统的经营和管理模式，以适应迈向互联网化的新型电视媒体发展要求。

其三，提供有价值的信息内容，满足个性化需求。网络上只会推一种信息，那就是网民认为有价值的信息。所有有足够吸引力的产品（或者一次营销推广策划），一定要有特别之处。要高度重视分析网络受众的心理变化，尊重网络受众群体的个性差异，以搜索、跟踪、分析等互联网技术为手段，比对已有知识、案例、经验，从海量及庞杂的信息中搜集、筛选、梳理、编辑有价值的信息，为有需求的受众提供个性化资讯产品和多类型、多终端服务。与互联网中网民“自然人”不同，作为专业的媒体机构，除了提供原发和编辑的资讯产品，电视媒体还必须发挥自己的传统优势，通过丰富、确切、专业的内容服务和独到、有深度、权威的分析评论，吸引网民的注意力，努力让电视发布的内容在网络上形成“信息的原发点、路过的必经点、跟帖的注意点、转发的分享点、拍砖的争议点、点赞的汇合点”，吸引网友围观、互动、吐槽和分享，迅速扩大网上的“分发量”和“跟帖量”，汇聚人气。

其四，学会网络表达，“说网话，干网事”。网络语言形象、生动、有趣，散发着独特的魅力，已经成为网民在网上交流必不可少的“通行证”。现在，在网络上不说网络语言，就不懂“网事”。2010 年 11 月 10 日，人民日报头版头条标题“江苏给力‘文化强省’”中，就用到了当时的网络热词“给力”。这篇稿件一出，立刻引发网友们的追捧。2014 年 12 月 31 日，国家主席习近平在 2015 年新年贺词中，用了“各级干部也是蛮拼的”“我要为我们伟大的人民点赞”这样网民耳熟能详的语言，被认为是这么多年来最贴近百姓的元旦致辞。一时间，网民为习大大“点赞”也是“蛮拼”的。这一现象充分体现了网络语言在网络空间和现实社会中的接受度和通用性。电视除了要抛弃多年以来生硬的新闻语态和刻板的说教面孔，还要努力学会使用新媒体互动工具、谙熟互动技巧、优化互动体验、创新体验方式，让网络受众愿意接受你的信息，愿意和你说话、互动、交流，增强受众黏性。

其五，培养一批网络记者和意见领袖，聚集一批重量级用户。传统媒体都有引进、培养“名记者、名编辑、名主持人”的优良传统，“名记者、名编辑、名主持人”又是媒体的核心竞争力和影响力所在。在媒体融合的新形势下，电视要像培养“名记者、名编辑、名主持人”一样，充分利用网络平台开放、“众筹”的优势，下大力气花真功夫引进或培养一批具有敏锐网络洞察力和新闻敏感性的网络记者，培养或聚集一批善于生成卓越观点和熟练应用网络表达技巧的意见领袖，吸引和留住一批拥有较高知名度和较强网络号召力的重量级用户。通过他们在网络上的影响力和号召力，借力打力，形成并快速提高电视在网络传播中的话题设置能力和舆论引导能力。

第三节　云平台的构建

一、云平台的定义与特点

云平台技术是一种将分布式计算、网格计算、并行计算以及互联网结合起来的新的 IT 资源提供模式，关于云平台，不同的学者、机构从不同的角度给出了定义，以下是有代表性的几个定义。

定义一：云平台是一种能够在短时间内迅速按需提供资源的服务，可以避免资源过度和过低使用。

定义二：云平台是一种可以调用的虚拟化资源池，这些资源池可以根据负载动态重新配置，以达到最优化使用的目的。用户和服务提供商事先约定服务等级协议，用户以用时付费模式使用服务。

定义三：根据 NIST（美国国家标准与技术研究院）的定义，云平台是一个提供便捷的通过互联网访问一个可定制的IT资源共享池能力的按使用量付费的模式（IT 资源包括网络、服务器、存储、应用以及服务等），这些资源能够快速部署，并只需要很少的管理工作或很少的与服务供应商的交互。

在以上 3 个不同文献的描述中，定义一强调按需配置和使用，定义二突出了云平台的组成和使用模式。定义三综合了前面两种定义，从用户的角度描述了云平台的使用特点，更清晰地揭示了云平台的本质和特点。通过上面对云平台的定义，可以得出云平台具有以下主要特点：

（一）规模大

云平台具有相当大的规模，据统计，谷歌云平台已经拥有 100 多万台服务器，亚马孙、雅虎、微软等的云平台中心也均有数十万台服务器，而企业的私有云平台一般也有成百上千台服务器，这为用户提供了强大的计算能力和海量的存储能力。

（二）按需使用和计费

就像从单台发电机模式转向了电厂集中供电模式一样，云计算的计算能力和存储能力也可以作为一种商品进行流通，和平时使用煤气、水电一样方便，价格低廉，而与之不同的是，云平台应用是通过高速互联网进行传输的。

（三）虚拟化

虚拟化技术的成熟应用推动了云平台技术的发展，云平台采用虚拟化技术将异构分布式资源进行虚拟化，并统一存放在云存储中心。与此同时，云平台对用户实体并没有限制，用户可以在任意位置，使用各种终端获取云服务，而用户无须了解所需资源的具体位置，只需要通过网络就可以获取相关服务。

（四）支持海量数据的分布式并行处理

海量数据处理能力是云平台获得高性能的关键，分布式并行计算为云平台应对海量数据处理提供了技术支持。

（五）较高的可靠性

由于云平台是由众多普通 PC 构成的分布式系统，而普通 PC 的故障率很高，尤其是这种海量 PC 协同提供服务的模式，随时都有可能使某台机器出现故障，所以云平台使用了多副本容错、计算节点同构可互换等措施来保证云服务的高可靠性。

（六）良好的可扩展性

互联网服务随时都要准备响应用户的请求，随着用户数据量的不断增长，系统需要靠增加机器节点来承载更多的数据处理任务，并且不能中断服务来进行，必须在用户无察觉的条件下实现增量扩展。对于云平台，通过数据的水平分割，可以做到简单增加机器就可以实现增量扩展。

二、三网融合下数字资源云服务平台架构

三网融合环境下数字资源云服务平台共有六个服务层，从下到上依次为数字资源提供层、基础设施即服务层、平台即服务层、软件即服务层、融合网络层以及用户服务层。

（一）数字资源提供层

在数字资源提供层，将一定区域内的数字图书馆资源或融合网络中的信息资源集中起来，向上层提供图书资源。图书资源有以下三种提供方式，并且各有其特点。

1. 现有数字图书馆提供的资料

现有数字图书馆提供的资料系统、全面，学科性较强，易于分门别类，具有严谨的科学性，可信度很高。缺点是不易于在基础设施即服务层进行资源整合。因为该层要求提供的资料有统一的规范标准，以方便进行资源标准化处理，而现有数字图书馆管理不一致，造成数字资源标准存在差异性，不能完全满足上层进行资源整合的要求。

2. 云服务平台运营商自主提供的资料

运营商提供的资料针对性较强，有统一的资源标准，易于在基础设施即服务层进行资源整合。当资源出现错误时，可以及时地进行更改。缺点是资料来源复杂，良莠难辨，可信度不高。当用户检索资料时，不能确定文献的可信性，有可能造成误导的风险。

3. 现有数字图书馆和运营商混合提供的资料

由于数字图书馆存储体系结构存在异构性，资源整合存在众多问题。可以借助谷歌的云存储与云计算框架，实现异构海量数据的分布式存储和管理。谷歌的 GFS（Google File System）提供了海量非结构信息的存储平台，并提供数据冗余备份、服务器负载平衡等完备的分布式存储功能，可以有效地解决数字图书馆资源整合问题。

（二）基础设施即服务层

基础设施即服务层是当前云平台中最底层的结构，它将硬件资源以服务的方式提供给云平台服务开发商，这样就对后者屏蔽了基础设施的异构性，使其无须关心硬件资源是如何提供服务的。数字资源云服务平台的基础设施即服务层包括存储、计算、网络等方面的资源，主要由资源存储设备、云平台设备、网络管理设备、虚拟化管理设备等组成。

1. 资源存储设备

资源存储设备是通过分布式网络将大量廉价、异构的 PC 集合起来协同工作，为数字图书馆资源提供海量的存储资源和计算资源的设备。考虑到存储体系结构存在异构性，可以对云存储设备进行虚拟化，屏蔽掉其间的物理差异，并结合 Web Service 技术，集成统一的访问接口，对外部提供云存储服务，实现资源存储的服务化。

2. 云平台设备

云平台设备主要为上层服务提供计算资源。由于云数字资源规模比较庞大，在用户进行交互性资源检索时，为保证其检索效率，除了采取较好的资源组织策略之外，还必须提供强有力的计算资源。通过组建大规模廉价集群计算平台，构建基于 Hadoop 的计算节点集群资源池，对其部署和使用，利用 Map Reduce 将大规模数据处理任务细粒度化，采用分布式编程将处理任务运行在不同的计算节点上，从而获得大规模数据处理的能力，使资源检索时间性能得到提高。

3. 网络管理设备

网络管理设备主要解决大量并发访问问题。数字资源云服务平台下的用户众多，在某一个时间段内可能产生大量并发访问，如果不能进行有效调控，可能会造成整个平台系统瘫痪。网络管理设备能够在网络繁忙时进行负载均衡，将上层发送的检索请求平均分配到各个服务器上，使服务器得到合理利用。通过在计算节点中设置负载均衡管理节点，对检测因子进行概率探测，可以得出该计算节点相邻节点群是否处于超负荷运行状态，而对链接网络进行动态更新，可以使网络的负载均衡得到有效优化。

4. 虚拟化管理设备

虚拟化管理设备主要是对数字资源进行虚拟化安全管理。由虚拟化管理人员对数字资源进行虚拟化、快速部署，并对数字资源进行安全备份，确保数据的可恢复性，保证云数字图书馆业务的连续性。此外，还需要对基础设施即服务层硬件设备（存储资源、计算资源等）运行状态进行监测，确保基础设施提供不间断支撑服务。

（三）平台即服务层

平台即服务层是数字资源云服务平台的中间结构，通过整合基础设施即服务层的数据和服务，为上层提供基础平台架构。软件开发人员可以在平台即服务层上进行软件开发、测试、部署、维护等工作，该层服务提供了软件即服务云应用程序所需要的一切平台资源，软件开发商只需租用平台即服务提供的开发平台，无须关心平台即服务的具体细节。平台即服务层包括云业务开发平台和云业务运行平台。

1. 云业务开发平台

云业务开发平台主要提供软件开发平台支撑，包括开发环境、编译环境、测试环境和部署机制等。软件开发者可以通过租用服务等方式在该平台之上开发数字资源云服务软件，如开发软件即服务层的移动终端服务、数字电视终端服务等。基于为 RESTAPI 技术，以 HTTP 为传输协议，可以将分布式平台抽象为资源并作为唯一标识，使软件即服务可以通过通用的连接器接口对平台进行操作，从而实现云业务开发过程。此外，REST API 技术还可以保证软件即服务开发者在统一的平台即服务下进行研发活动，提高了应用程序的兼容性和可扩展性。

2. 云业务运行平台

云业务运行平台提供了数字资源云服务应用程序的运行环境。作为“平台级”服务的数字资源云服务平台平台即服务层，利用多住户机制，可以在服务器上支撑成千上万个云应用程序，并能够保证应用服务长时间、稳定地运行。

此外云业务运行平台还提供精确的管理和监控功能，如能够观察并显示云应用程序运行时的具体数值（吞吐量、响应时间等），有利于更精确地衡量运行状态，提高了云应用程序的伸缩性。

（四）软件即服务层

用户在获取数字资源云服务时，有别于传统使用数字图书馆的方式。数字资源云服务平台的软件即服务层借助虚拟化技术，将软件即服务应用程序虚拟为多个逻辑应用程序，用户通过融合网络即可访问云平台中的逻辑应用程序，实现了远程云数据、云资源共享。并且利用移动 Widget 技术，为用户搭建统一的终端软件平台，提供无缝的各种类型终端切换。由于 Widget 应用服务在云端，用户可以按照自己的需求偏好选择适合的 Widget 应用，数字资源云平台对所有用户终端桌面进行统一的维护管理，这样不但降低了用户维护终端桌面的难度，而且使云服务平台“以应用为中心”向“以用户需求和体验为中心”迈进。

软件即服务层包括计算机终端服务模块、数字电视终端服务模块、移动终端服务模块、自适应感知服务模块、Widget 数字资源云服务模块以及云平台管理模块。

1. 计算机终端服务模块

在计算机终端虚拟桌面上，用户在 Widget 资源云服务模块中选择添加自己需要的 Widget 应用服务，形成自己的个性化虚拟桌面，实现云端数据交互。Widget 应用服务并不需要下载安装到客户端，用户只需关心自己的个性化阅读体验。

2. 数字电视终端服务模块

由于电视频道带宽资源和终端互动能力的限制，系统需要借助数字电视 Widget 服务和高性能的数字电视机顶盒，对响应信息进行特定优化，以适合在数字电视上的显示。用户可以借助自适应感知服务，从 Widget 资源云服务模块中选择所需的 Widget 应用服务，这样家庭用户不但可以通过数字电视终端享受图书检索、预约、续借等基本服务，而且可以获取丰富的多媒体资料。

3. 移动终端服务模块

数字资源云服务平台应该顺应移动互联网的发展趋势，将数字资源内容分解成移动用户更易于接受的“信息碎片”，利用微信息技术，提供形式多样的个性化“微服务”。移动终端服务模块将数字资源云服务封装成 Widget 形式，并提供接口给 Widget 数字资源云服务模块。Widget 数字资源云服务可以利用混聚技术，对检索后的信息进行整合，向移动用户发送简洁、及时的微信息，很好地满足了移动用户的个性化需求。

4. 自适应感知服务模块

终端用户在融合网络条件下，自适应感知服务模块可以自动识别用户类型，并且根据终端用户所处的环境，选择最佳网络环境，并建议用户选用最佳云服务类型（数字电视终端服务、移动终端服务、计算机终端服务），能够使数字资源云服务平台提供基于用户环境特点的云服务。

①当用户为移动终端，若此时提供大数据量的多媒体资源是不恰当的，所以自适应感知模块会根据移动终端的特点，选择简洁、及时的实用信息，提供给用户。借助移动 Widget，可以实现本地客户端与数字资源云端的友好交互，将用户需要的信息资源以丰富多彩的 Widget 呈现在用户面前，可以是文本、幻灯片、小视频等轻量级任务，这样就使得用户获取图书资源的渠道更加简洁容易。

②当用户为数字电视终端，用户可能更倾向于丰富的多媒体资源，此时可以提供丰富的多媒体信息资源，如图片、音视频等信息。当云平台检索到用户需要的图书资源时，通过 Widget 服务发送到用户端，借助于家用数字机顶盒将数字信号进行译码等操作，转换成适合电视播放的内容。

③当用户为计算机终端，此时用户的终端性能较好，可以提供详细的图书资料。另外，当用户终端性能较好时，还可以自主选择服务类型。例如，用户所持的智能手机性能优良时，可以选择数字电视服务，可以得到丰富的多媒体资料。

5.Widget 数字资源云服务模块

Widget 数字资源云服务模块不但提供了借阅图书提醒、网上续借、预约图书、定制等个性化服务，而且能够分析读者的职业阶层、借阅历史等信息，提供个性化推荐服务。采用 FOAF 本体或 OWL 本体，可以描述用户的基本特征，如姓名、性别、年龄、职业、需求偏好等。个性化服务可以聚集这些数据并分析，对用户的需求信息进行更为精确的语义限定，从而为用户提供良好的个性化推荐服务。

计算机、数字电视、移动终端服务模块将对应的数字资源服务封装成 Widget 形式，并提供统一接口给 Widget 数字资源云服务模块。用户可以通过自适应感知服务模块从 Widget 资源云服务中选择自己需要的 Widget 应用程序。这样，用户通过终端 Widget 应用就可以享受个性化数字资源云服务。当用户选择Widget应用程序后，有以下两种方式实现用户终端和资源云平台的交互。

①用户将Widget应用程序下载安装到客户端。这种方式可以充分利用客户端资源，减轻云平台服务器压力，但也增加了用户维护客户端的难度。

②利用虚拟化技术，用户可以将Widget应用程序添加到虚拟桌面中。基于云服务平台，系统可以对用户桌面进行统一的管理和维护，降低了维护成本和难度。用户可以根据自己的需求，方便地添加Widget应用，逐渐形成自己的个性化云数字图书馆，也更利于运营商有针对性地对用户开展个性化数字资源服务。

6. 云平台管理模块

管理人员可以通过云平台管理模块进行日常管理，包括云应用服务的注册和管理、云平台实时监控、运行日志管理、公共信息发布等。软件即服务上的应用服务并不是一成不变的，而是具有可扩展性、可伸缩性，可以根据用户的需求偏好进行调节与变更，以构建“以用户为中心”的个性化数字资源云服务平台。

（五）融合网络层

现有数字图书馆平台由于受到网络条件的限制，用户比较固定。三网融合后，数字图书馆用户不再仅仅局限于计算机用户，并且还包含了移动终端用户和家庭数字电视用户，而计算机用户、移动终端用户、家庭数字电视用户分别对应计算机互联网、电信网、广播电视网运营平台，这样就带来了异构终端和异构网络的问题。

由于在三网融合环境下，数据在传输前网络就是异构的，因此需要考虑数据在传输前后的一致性、可用性。家用机顶盒可以将通信网络、同轴电缆、五类线、光纤等传输信号，转换成数字电视识别的信号。对于家庭数字电视用户，资源云平台传输过来的数据通过融合网络到达用户端，可以借助家庭高性能机顶盒，将数字信号转换成电视多媒体内容，呈现在用户面前。在三网融合环境下可以借鉴这种家用机顶盒的工作模式，在计算机终端和移动终端进行数据转换，以适应相应的终端设备。这需要计算机终端和移动终端同样拥有一个类似机顶盒装置的智能设备，可以将不同网络传输过来的信号转换成适合用户终端的数据，使之能够呈现给用户，保持数据的一致性和可用性。

（六）用户服务层

在用户服务层有三种不同类型的用户，移动终端用户、数字电视用户和计算机用户，在终端异构的情况下，用户服务层需要建立一个统一终端软件平台。Widget（微件）是一种小型的应用插件，由于它可以实现跨平台应用，既可以独立运行，又可以进行网页嵌入应用，所以可以在用户终端采用 Widget 技术，建立 Widget 终端软件平台，为用户提供无缝的各类型终端切换。

1. 计算机桌面 Widget 应用

在数字资源云平台软件即服务层，计算机终端服务可以将适用于计算机终端的图书资源封装成 Widget 形式提供给用户，用户可以通过计算机桌面 Widget 获取资源云服务。

2. 移动 Widget 应用

由于移动设备屏幕相对较小，借助浏览器访问资源云服务将会占用有限的屏幕空间，而移动 Widget 可以独立运行，借助移动 Widget 应用可以充分利用手机有限的屏幕直接访问资源云服务。

3. 数字电视 Widget 应用

数字电视由于受到平台的限制，互动性和兼容性较差，不像计算机终端和移动终端能够很方便地开展云图书馆业务和加强对三网融合的内容支持。利用 Widget 技术，可以将 Widget 应用嵌入数字电视交互平台中，为数字电视用户提供丰富多彩的数字资源云服务。

在软件即服务层将资源云服务以 Widget 形式进行封装，用户在 Widget 资源云服务中可以选取所需的 Widget 应用程序，无须通过传统的数字图书馆网站就可以获得更为方便的图书资料，并逐渐在终端虚拟桌面形成自己的个性化图书馆。这样就可以在终端异构的情况下为用户提供无缝切换的统一终端软件平台，实现了数字资源云服务平台中异构终端的融合。

第四节　融合时代的观众

媒介技术及其营造的发展环境对于传媒产业的前景至关重要，也影响着人们的媒体使用习惯和社会行为。对于电视业来说，电视以及相关媒介功能的变化、使用方式的变化与交流方式的变化，正在引起人们生活方式的变化，进而影响社会活动的变化、社会心理的变化，最后沉淀为社会文化的变化。电视进入人们的生活之后，人们的社会生活逐渐发生了很大的变化，研究发现，电视的出现让大众媒介占有人们醒着的时间的三分之一，不仅改变了人们的休闲方式和闲暇时间支配模式，还改变了人们对媒介的使用。在过去二十年中，世界媒介环境发生了翻天覆地的变化，例如，在20世纪90年代的时候，杂志是少年儿童使用的主要媒介，而现在他们可以接触并使用电视机、平板电脑、手机、游戏机等媒介。以丹麦为例，在3～6岁年龄段儿童中，30%的人拥有自己专属的平板电脑；在7～12岁年龄段儿童中，56%的人拥有自己专属的智能手机，53%的人拥有平板电脑，50%的人拥有电视机。当前，融合环境也已形成，电视业必须要适应和融入这个环境。融合环境以移动通信技术、互联网技术、数字电视技术等为基础，对整个传媒业的发展模式、竞争格局以及价值链等都产生了深刻影响，并逐渐改变了观众的媒体使用习惯和行为特征，从根本上改写了“观众”的内涵。

一、融合时代观众概念的演变及观众的特征

（一）电视观众概念的演变

英国学者丹尼斯•麦奎尔认为，今天的观众起源于古代体育比赛的观众，以及早期公共戏剧与音乐表演的观众。确实，传统电视观众的主动选择空间不大，正因为如此，电视观众一直被称为受众。随着新媒体的迅猛发展，媒体与媒体使用者之间的关系远不再是传统意义上的“传”与“受”。正因为如此，“电视观众”相比“电视受众”更具准确性。“电视观众”这一名词包含着“电视”和“观众”两个概念。数字新媒体技术有力地激发了人们对于电视节目的需求，而电视机终端已经不再能满足人们随时随地观看电视节目的需要，在线媒体和多屏随之得到了长足发展。换而言之，“电视”已经不再是“观众”收看节目的唯一终端，甚至不是主要终端。根据TNS公司对全球5.5万名互联网用户的调查，25%的受调查者每天都会在计算机、笔记本电脑、平板电脑或手机终端上收看视频节目内容。其中，俄罗斯以44%的比例位居首位，其次是中国、新加坡和意大利，在其他终端观看节目的比例都是33%。中国香港位居第五，比例为32%。值得一提的是，调查发现，75%的人每天仍然会在电视机前收看节目。位居前三位的分别是阿联酋、西班牙和意大利，比例分别是86%、84%和82%。英国和澳大利亚分列第四和第五，比例分别是80%和79%。调查还发现，76%的人会在晚餐时间打开电视机，在和家人共进晚餐的同时收看电视节目。鉴于此，电视观众中的“电视”仍具有代表意义，但更多的是指“电视节目”，而不是“电视机”。

就“观众”这一概念而言，电视观众在电视机前的行为不仅仅是“观看”，还同时开展其他活动。例如，人们在收看电视节目时，会同步通过社交

媒体分享、交流、评论电视中的直播节目内容。可以预见，社交媒体、网络电视、手机电视等的发展会促进观众特征的进一步变化。根据 TNS 公司的调查，48% 的受调查者在晚间收看电视节目的同时，会进行查看邮件或网上购物等活动。因此，“观众”一词似乎仅包含“观看”这一行为，而难以全面描述这个群体日益多元的收视行为。不过，在当前的媒介语境中，观看还是主要的收视行为，因此“观众”并未有失偏颇。因此，在定义“电视观众”的时候，我们应按照广义和狭义两种方式加以区分，并根据话语语境加以选择。广义的电视观众是指通过电视机、智能手机、平板电脑、个人电脑等终端收看视频节目的人，而狭义的电视观众是指仅限于通过电视机收看电视节目的人。

就观众的分类来说，传统的观众分类方式主要基于年龄和性别，但传媒技术的发展正在挑战这种分类方式，以及基于这种分类方式的节目播出方式和商业模式等。随着观众收视行为的变化，传统的观众类型也在发生变化，根据观众的行为特点其可以划分为六种类型：一是沙发土豆族，这种类型的观众在看电视时注意力非常集中，不会通过电话、短信或社交媒体与其他人随时交流所看节目内容，这个群体所占比例约为 33%；二是网络电视族，这种类型的观众所占比例约为 25%，这个群体对于电视的兴趣不大，更倾向于在互联网上观看视频；三是沙发聊天族，这种类型的观众约占电视观众总数的 12%，他们在收看电视节目时热衷于随时通过电话、短信或社交媒体与人交流所看的节目；另外三种类型都属于多屏族，包括狂热多屏族、温热多屏族和冷漠多屏族，他们所占比例约为 30%。

值得一提的是，年轻人并没有像很多人预计的那样因为新技术、新终端而远离传统电视，美国 2014 年 7 月公布的一项调查结果显示，在 18 ～ 24 岁年龄段群体中，电视收视时长以每年 2% 的幅度增加。2013 年第四季度，这个群体月均收看电视的时间长度为 113 小时 14 分钟，电视在整个视频节目收视时长中的比例为 88%，比 2012 年同期的 84% 上升了 4%。这表明，新技术、新设备为年轻观众提供了随时随地观看视频的条件，让观众能够收看更多的视频节目，但不是替代收看传统电视节目。

（二）观众的特征

观众是电视业的基础，观众的特征变化直接影响传媒业的经营方式、发展模式和未来图景。媒体机构更应针对观众收视行为和媒介选择等方面的变化，改进传播策略、优化传播渠道，更好地提升传播效果。需要指出的是，观众调研有不同的层次，根据丹尼斯·麦奎尔对观众研究的分类，主要有三种：结构性研究、行为性研究和社会文化性研究。本节主要是行为性研究，重点是研究观众的收视行为、收视方式和媒介选择等。

1. 观众的收视行为特征

收视行为特征是指电视观众收看电视的时间长度和专注程度。就收视时间而言，人们用于收看电视节目的时间是在不断变化的。这种变化与新兴媒体技术等的发展有关，也与社会生活的变迁相关。以美国为例，自 1950 年以来，美国人看电视的时间每年都在持续增加。这个统计反映了每个家庭总的看电视时间，也是普通家庭的所有成员看电视时间的总和。1950 年时，总时间为 4 小时 35 分钟；1970 年时，总时间为 5 小时 56 分钟；1980 年时总时间为 6 小时 36 分钟；1990 年时，总时间为 6 小时 53 分钟；2000 年时，总时间为 7 小时 35 分钟；2003 年时，总时间为 7 小时 58 分钟；2008 年时，总时间为 8 小时 18 分钟。2012 年的研究发现，94% 的美国观众平均每天收看近 5 小时的节目，而且这 5 小时都是花在电视机上。根据尼尔森公司 2013 年的调查结果，美国人每天平均收看电视节目的时间为 5 小时 51 分钟，其中 4 小时 51 分钟用于收看直播电视节目。2012 年和 2013 的研究采用了与前面不同的统计方法，它不是普通家庭的所有成员看电视时间的总和，而是单个电视观众收看电视的时间。换而言之，美国观众收看电视的时间仍在继续增长。值得一提的是，频道数量急剧增长，观众可选择的空间不断拓展，但“纵有频道 500，常看仍是寥寥”，这也反映了观众收视行为的一个惯性特点。梯沃公司 2015 年公布的一项研究报告显示，85.1% 的用户会固定收看几个频道，即使频道数量有所增加。

另外，随着智能手机、平板电脑等移动智能终端的发展，人们在收看电视时变得更加“心不在焉”。以英国观众为例，在 20 世纪 50 年代，人们观看电视的流行方式是，把房间窗帘放下，观看人一言不发，静静地坐在黑暗的房间里观看。人们在看电视时，甚至会对来访者说：“嘘，别出声，我们在看某某节目。”现在，人们对于电视的关注度已大大降低，很多人边看电视，边做着家务或其他事情。因此，研究受众的收视行为时，既要考虑个体的特征，又要从整个社会的角度进行思考。2012 年的一项研究结果显示，英国电视观众在观看电视的同时大多会有其他行为。其中，查收电子邮件的比例最高，多达 86%；位居第二的是浏览网页，比例为 84%；网上购物位居第三，比例为 79%；位居第四位的是浏览脸谱网（Facebook），比例为 74%；排在第五位的是办理网上银行业务，比例为 70%；电脑游戏位居第六，比例是 60%。而英国 2014 年的一项调查结果显示，18% 的男性受调查观众和 11%

的女性受调查观众会同时收看 2 个直播电视节目，其中 3% 的受调查者会同时收看 3 个直播节目。在 18 ～ 24 岁年龄段的受调查者中，6% 的人会同时观看 3 个直播节目。传媒技术变革和终端发展是人们同时观看多个直播节目的根本原因，而体育节目是促使人们同时收看多个直播节目的重要动力。

2. 观众的收视方式特征

电视观众收视方式特征的变化主要体现在收视的伴随行为，目前主要是社交化行为。研究发现，越来越多的观众在收看电视节目的时候，会通过手机或平板电脑等移动智能终端评价节目、交流感受，或参与互动等。一项研究发现，在英国、法国和西班牙语等国年龄处于十几岁阶段的电视观众群体中，四分之三的人在收看电视节目时会同时在社交网络上就这个节目进行讨论。社交媒体对传统电视的收视正在构成日益明显的影响，尤其体现在观众的节目选择上。2014 年英国一项研究结果显示，14% 的受调查者通过社交媒体向他人推荐电视节目。其中，在 Facebook 用户中，12% 的人在收看自己喜欢的电视节目时，会通过社交媒体向他人及时推荐。

融合环境中的观众收视方式正在发生彻底变化，从“线性、客厅”模式转变为“随时、随地、多屏”模式，内容选择的自主性和范围得到了极大拓展。在融合传播环境中，观众收视个性化是一个显著特征，也就是观众可以按照自己的习惯和意愿确定观看节目的终端、时间、地点和内容。这些变化反过来推动电视业的变革，包括标准、技术、模式等。技术革新又进一步影响了观众的收视行为，包括多集连看、多屏同步互动、跳过广告等。家庭收视行为的中枢也在发生变化，从传统的机顶盒转变为无线网络。无线网络处于家庭娱乐生态的轴心地位，它连接着多个播出终端，同时也是节目分发的关口，营造出一个无缝连接的节目播出和交流互动环境。

3. 观众的媒介选择特征

媒介选择特征是指观众收看电视节目时在渠道选择方面的特征。在西方电视业的语境中，观众往往被看作消费者，他们的媒介选择行为具有消费者行为的共性特征。例如，消费者将转移到提供更多内容选择的发行平台；消费者将转移到向观众提供可以控制观看选择机会的娱乐平台，这样他们就可以想看什么就看什么，想什么时候看就什么时候看；消费者将转移到更接近真实观看体验的娱乐平台。研究发现，从 2008 年到 2012 年，美国观众观看电视节目（视频）的平台正在发生显著变化。随着互联网技术的发展和三网融合业务的普及，美国电视观众越来越多地通过互联网电视和智能电视播出平台收看传统电视节目。这体现在美国家庭购买具有上网功能的电视机上。2012 年，10.4% 的美国家庭拥有一台具备上网功能的电视机，而在一年前，这个比例仅为 4.7%。和美国一样，随着数字化的推进，英国电视观众的收视平台正在发生变化。英国 23% 的观众每周至少会在网上观看一次视频节目，这一比例位居世界第一，领先第二名的美国 5 个百分点。不过，传统电视仍是各国最主要的收视平台。英国广播公司（BBC）2013 年做的一项全球调查结果显示，电视是人们收看新闻节目的首选，比例为 42%。其次是笔记本电脑（29%）、智能手机（18%）和平板电脑（10%）。当有突发新闻发生时，42% 的受访者会首先收看电视。一些人会在看完电视新闻报道后通过互联网了解更多信息，这部分受访者所占比例为 66%。另外，83% 的受访者表示，他们会在收看电视的同时使用平板电脑。

与终端设备选择密切相关的是节目播出形态。爱立信消费实验室对全球 23 个国家 2.3 万人进行访谈后发现，流媒体视频已经开始和传统直播电视频道居于比肩的位置，75% 的受调查者每周会观看数次流媒体视频节目，而 77% 的人每周会收看相同频次的直播电视频道。对于电视台来说，观众收视行为的变化意味着传统的节目编排方式、播出方式和互动形式已经过时，应根据新的传播技术及时进行调整。观众收视行为的变化正在改变电视及传媒业的格局，尤其是传统的传播方式和商业模式。

电视技术的发展正在引起电视传播理念的一场革新，尤其是观众理念的革新。英国广播公司（BBC）针对新媒体时代的海外观众特点，提出要发展与用户更为直接的联系。该公司计划投入更多资金用于提升服务水平，特别是在社交媒体领域和电子用户关系管理方面。英国广播公司希望通过此举，能与用户建立更为直接、个性化的关系。此外，美国、英国、俄罗斯、法国等多个国家的国际电视媒体都在根据观众收视行为和媒介选择特征的变化大力改进传播方式、调整传播策略，尤其注重对移动智能终端和互联网的应用。今天的电视要面对或服务的对象是新媒体环境中的观众。新媒体环境为他们提供了更多的选择，既有内容的选择，又有平台的选择；传统电视只是他们选择中的一种。与此同时，新媒体环境也刺激或培养了他们更多的需求，既有内容的需求，又有渠道的需求。我国电视媒体要针对传媒技术的发展和观众特征的变化，开展科学、系统的研究，准确把握观众的特点，有针对性地开展节目策划、制作、播出。

二、融合时代的年轻观众

在融合时代，年轻观众似乎与电视渐行渐远，这主要表现在年轻观众越来越少以传统方式收看电视节目，例如，他们似乎不再围坐在电视机周围收看电视直播节目，也似乎不再愿意花钱订阅传统的付费电视业务。根据Screen Media的调查，在美国2000年以后出生的观众群体中，19%的人没有订阅付费电视业务，其中98%的人表示没有计划去订阅付费电视业务。对于年轻观众来说，互联网和智能手机、平板电脑等相结合所带来的收视体验要胜过传统电视。2014年的一项调查显示，在13～34岁年龄段人群中，68%的人是在优图网等免费网站上观看节目，相比之下，35岁以上观众群体中43%是在这类网站上观看节目。与此同时，13～34岁年龄段人群中，66%的人还是奈飞等订阅模式网站的用户，相比之下，35岁以上观众群体中44%是这类业务的用户。但是，据此判定电视正在失去年轻观众，既不尽客观，又有失公允。年轻观众只是希望以更灵活、更自主、更便捷的方式收看电视节目，他们也许远离了“电视机”，但并未远离“电视”。研究发现，人们以传统方式收看电视频道的时间在逐年减少，例如，美国和英国电视观众在2013年收看传统电视频道的时长分别减少了7分钟和11分钟，其主要原因是观众将越来越多的时间花在收看时移和位移视频节目上。业界普遍认为，年轻观众可能不会订阅付费电视业务，但对于移动终端上的付费网络电视业务表现出了浓厚兴趣。电视播出机构要充分考虑观众对于“第一屏”（传统电视）和“第二屏”（移动智能终端等）的要求，以满足观众的多屏收视需求。本节主要讨论融合时代年轻观众的收视特征，并探讨应对策略，以供参考。

（一）年轻观众的收视渠道

收视渠道是指电视观众获取电视节目的途径，包括传统渠道和新兴渠道。传统渠道包括地面电视、有线电视系统、直播到户卫星电视平台、IPTV等，新兴渠道主要包括网络电视、视频网站等，这些渠道按照观众是否需要支付费用可以分为付费渠道和免费渠道。在电视业领域，收视渠道是付费电视业的重要经营内容，渠道运营商和电视节目制作机构、播出机构一起构成了电视业的主体。年轻观众对于新兴事物比较感兴趣，更倾向于使用新兴渠道。2014年美国的一项调查结果显示，在1000名受访者中，16～24岁年龄段观众在互联网上观看视频节目的时间要高于普通观众的3倍。美国《纽约时报》2013年对4000名互联网视频观众所做的一项调查显示，34%的“新千年一代”不通过电视渠道收看节目，主要通过互联网观看网络视频。这一比例在“X一代”（Gen X）中为20%，在“婴儿潮一代”中为10%。其中，“新千年一代”是指1980年至1999年出生的人，属于较为年轻的观众群体，在美国约有7500万人。“X一代”和“婴儿潮一代”则是指中年和老年观众群体。在欧洲，年轻观众在收视渠道上有着与美国观众类似的特点。德国某调查机构在2013年公布的一项研究结果显示，58%的德国年轻人（18～29岁）通过互联网观看电影，在30～49岁这个年龄段的德国人中，这个比例是51%。另一项调查结果显示，在16～29岁的观众群体中，三分之一的人通过互联网错时收看节目，这也显示通过传统收视渠道同步收看直播电视节目的观众数量正在下降。

与此同时，因为终端日益多元、生活节奏、休闲方式、收入水平等方面的原因，年轻观众更青睐那些免费的新兴渠道。近年来，德国家庭收视终端的数量在稳步增加，年轻观众收看在线视频的时间也在持续增长。目前，德国户均上网设备达到了5.3个，14～19岁年龄段观众的日均在线观看视频的时间也达到了12分钟，约占该群体整体收视时间的8%。从付费与免费渠道的选择来说，美国2014年一项针对1159人的调查结果显示，18～34岁年龄段的观众群体更倾向于不使用付费电视渠道，或者退订付费电视渠道服务；不订和退订比例分别比正常水平高出77%和67%。关于选择在互联网上收看节目的原因，“灵活自主”为56%，“方便”为52%，“可以跳过广告”为38%，“可以集中收看”为35%，“成本低廉”为29%。

（二）年轻观众的收视终端

随着移动通信技术的发展，收视终端日益多元，电视机、智能手机、平板电脑、个人电脑等多屏竞争格局正在形成，对于观看节目的终端人们有了更多的选择，传统电视机不再是具有主导意义的播出终端，平板电脑、智能手机、个人电脑、笔记本电脑等正扮演着重要的角色，这些新兴终端也被称为数字终端。在年轻观众中，数字终端正在成为日益重要的收视终端。美国2014年一项针对1159人的调查结果显示，在18～34岁年龄段的观众群体中，数字终端的收视时间占比为31%，其中个人电脑收视时间占比是19%，智能手机占比是6%，平板电脑占比是6%。相比之下，在35～54岁年龄段的群体中，数字终端的收视时间占比为16%，55岁以上年龄段群体中，数字终端的收视时间占比为10%。随着4G、5G移动通信网络的发展，智能手机的娱乐功能日益强大。截至2014年底，全球智能手机总数为27亿部，相比2013年底增长了40%。迅速普及的智能手机正在成为电视机之外的重要“第二屏”。

在融合环境中，移动终端具有与传统电视机同样的节目播出功能，对于追求时尚新潮的年轻观众来说，手机、平板电脑等终端成了收看视频的主要选择。以手机为例，对于年轻观众群体来说，手机在收看视频方面具有非常明显的灵活性和便捷性，同时在社交媒体应用方面具有一定优势。正因为如此，手机对于媒体机构来说具有日益显著的重要性。例如，在维亚康姆集团旗下的音乐电视频道（MTV）网站上，62% 的流量来自手机终端。维亚康姆集团针对年轻观众群体的收视特征，将手机设定为主要的播出终端，而不是居于电视机从属地位的“第二屏”。维亚康姆集团负责国际传媒电视网的高级副总裁菲利普·欧菲诺表示，手机已经成为维亚康姆集团发展战略的关键词，对于年轻人来说，手机就是“第一屏”，这是电视界应当正视的现实。当然，目前大型影视媒体机构在内容制作方面还主要针对传统播出平台和电视终端，节目资源大多是“一菜多吃”，很少专门针对手机或网络制作节目。以维亚康姆集团为例，每年节目投资有 35 亿美元，其中 34.5 亿美元用在传统电视节目和电影上。这一方面是基于节目资源的有效利用，另一方面是因为目前手机终端的盈利模式还不成熟。

不同年龄段的观众在其他收视终端上也有所差别。一项对全球 20 个国家 15551 人的调查研究结果显示，在台式机或笔记本电脑上收看电视节目的比例以 35 岁以下年龄段观众最高，为 35%；在 35 ～ 49 岁年龄段观众中为 25%；在 50 ～ 64 岁年龄段观众中为 17%。在手机或平板电脑上观看电视节目的比例在 35 岁以下年龄段观众中为 15%；在 35 ～ 49 岁年龄段观众中为 10%；在 50 ～ 64 岁年龄段观众中为 5%。在电视机上观看录像机或其他录制设备录下的节目的比例在 35 岁以下年龄段观众中为 15%；在 35 ～ 49 岁年龄段观众中为 16%；在 50 ～ 64 岁年龄段观众中为 18%。调查发现，中国观众通过台式机或笔记本电脑观看电视节目的比例超过了电视机，比例达到了 52%。相比之下，俄罗斯为 43%，土耳其为 42%，印度为 40%，瑞典为 35%，韩国为 31%，英国为 29%。另外，随着技术的发展和收视终端性能的改变，年轻观众在新兴收视终端的使用上也有变化。研究发现，近年来，年轻观众在个人电脑上看网络视频的时间处于下降状态，而在手机上观看视频的时间则处于上升状态。截至 2014 年 7 月，在 18 ～ 24 岁年龄段的群体中，每月在手机上观看视频的平均时间是 6 小时 29 分钟，比 2013 年同期增加了 14%。

（三）年轻观众的收视方式

长期以来，电视机是客厅的中心，传统的收视方式是一家人围坐在电视机周围，观看、交流、分享着同一个节目。随着手机、平板电脑等移动智能终端的普及以及社交媒体的发展，年轻人的收视方式正在悄然改变。一项研究发现，在英国、法国和西班牙等国年龄处于十几岁阶段的电视观众中，四分之三的人在收看电视节目时会同时在社交网络上就这个节目进行讨论。在年龄为 18 ～ 24 岁的观众群体中，42% 的人会在观看电视节目的同时，通过手机、平板电脑等浏览与节目相关的内容。而且，44% 的人会通过移动设备查找电视节目中播出的相关品牌或广告。英国媒体管理局 2014 年发布的数据也显示，英国成年观众在同步收看直播电视节目时，37% 的人会与家人或朋友讨论电视节目，或者直接与电视节目进行互动。在 16 ～ 24 岁年龄段的观众群体中，这一比例上升到了 57%。2015 年一项调查发现，在 13 ～ 34 岁年龄段人群中，流媒体视频已经成为主要的内容形式。84% 的受调查者在过去六个月中收看了完整长度的流媒体视频，相比之下，收看直播电视节目的比例为 54%。

收视终端、机顶盒等相关设备的发展也影响着年轻人收看电视节目的方式，包括收看节目时的专注度、收视伴随行为等。推特的一项研究发现，在 2000 年以后出生的群体中，70% 的人在观看电视直播节目或视频节目时非常喜欢同步浏览推特信息，71% 的人表示会发布觉得有意思的信息，大部分人都是以标题为媒体选择的重要依据。英国 2014 年的一项调查结果显示，在 18 ～ 24 岁年龄段的受调查者中，6% 的人会同时观看 3 个直播节目。传媒技术变革和终端的发展是人们同时观看多个直播节目的根本原因。另外，录像机的发展也让年轻人更多地选择时移方式收看节目。在英国拥有数字视频录像机（DVR）的观众中，22% 的 25 ～ 34 岁年龄段观众选择时移方式收看节目，78% 的人同步收看电视直播。相比之下，11% 的 65 岁以上年龄段观众同步收看电视直播，89% 的人收看录播回放等。

（四）年轻观众收视特征对电视业的影响

年轻人在收视渠道、终端以及方式上都呈现出新的特征，这对电视业的节目内容生产、节目传输和内容分发等环节及相关产业都产生了一定影响，而且影响力度会越来越大。美国皮尤调查中心 2014 年的一项调查数据显示，1993 年经常收看传统电视台晚间新闻节目的观众比例为 60%，2012 年这一比例下降到了 27%。18 ～ 29 岁年龄段年轻观众的下降幅度最大：1993 年经常收看晚间电视新闻节目的年轻观众比例是 46%，2012 年这一比例仅有 11%。年轻观众比例的下降固然是其收视特征变化的结果，那么特征改变是否会让年轻观众远离“电视”？美国 2014 年 7 月公布的一项调查结果显示，新技术、新设备为年轻观众提供了随时随地观看视频的条件，让观众能够收看更多的视频节目，但不是替代收看传统电视节目。在 18 ～ 24 岁年龄段群体中，电视收视时长以每年 2% 的幅度增加。到 2013 年第四季度，这个群体月均收看电视的时间长度为 113 小时 14 分钟，电视在整个视频节目收视时长中的比例为 88%，比 2012 年同期的 84% 上升了 4%。可以看到，年轻观众收视渠道的改变并未冲击“电视”的地位，虽然电视节目的传播渠道有变化，但节目需求没有减少。换而言之，年轻观众收视特征的变化并不会危及电视内容的创意和制作产业，反而具有一定的促进作用。

相比之下，年轻观众的收视特征正在对电视运营业产生深刻影响，包括竞争格局和发展前景。网络电视运营业的快速崛起给传统付费电视运营业造成了日益强大的压力，传统电视运营业也在迅速通过媒介融合推进网络电视运营业务建设。相比传统电视运营业，网络电视的节目检索功能较为强大，多终端播放效果更佳，社交功能也更为卓越。美国 2014 年的一项研究显示，在 18 ～ 34 岁年龄段观众中，通过宽带在线付费收视账号观看视频节目的人口比例为 71%。相比之下，成年观众通过宽带在线付费收视账号观看视频节目的人口比例为 46%。此前美国 2013 年的另一项调查结果显示，在 18 ～ 24 岁年龄段的观众群体中，56% 的人是奈飞公司的用户，18% 的人订阅了亚马逊公司的付费网络视频业务，7% 的人是互录公司的用户。在 25 ～ 34 岁年龄段的观众群体中，51% 的人是奈飞公司的用户，26% 的人是亚马逊公司的用户，10% 的人订阅了互录公司的网络视频业务。美国 2013 年的某项调查显示，72% 的网络视频成年观众通过优图网等视频分享网站观看在线视频，56% 的人通过脸谱等社交网站或手机应用程序在线观看视频，36% 的人将视频下载到电脑或手机上以便随时观看。技术革新和设备的发展还影响着电视运营的业务内容，例如，视频订阅点播业务平台发展迅速，尤其在年轻观众群体中。在英国 16 岁以上观众群体中，视频订阅点播业务的用户比例为 22%，其中在 16 ～ 34 岁观众群体中的比例为 34%。可以说，网络电视是电视运营业的一个重要发展方向，也是传统电视台实现转型升级、盘活内容资源的有效途径。

（五）西方电视机构的应对策略

针对年轻观众的收视特征，欧美电视机构正在积极应对，从战略、内容、渠道等方面积极探索、勇于创新。2014 年 9 月，欧洲广播联盟（EBU）启动了一个战略合作项目，该联盟所属的几大广电机构针对年轻观众将通过多种形式共享战略知识，交换与有关年轻观众的优秀节目模式信息，并开发针对年轻人的优质内容分发平台等。

针对年轻观众的内容需求和收视习惯，欧美主要电视机构积极尝试新的节目制作和分发方式。2014 年 10 月，德国电视一台（ARD）和电视二台（ZDF）宣布合作开办一个面向青年的频道，这个频道不采用传统的频道运营和播出模式，而是针对青年的收视特征主要依托互联网平台采取多媒体、多终端的传播和运营形态。该频道的目标观众为 14 ～ 29 岁年龄段的观众群体，年度预算为 4500 万欧元。

另外，传统电视播出机构和运营商都在积极利用网络电视平台拓展播出渠道，增加盈利路径。美国迪士尼传媒网与美国碟线公司开展合作，推出针对 20 ～ 30 岁年龄段群体的互联网电视业务，培养他们使用付费电视业务消费高品质节目和服务的习惯。常规付费电视业务的每月资费价格水平在 80 美元左右，针对年轻用户的网络电视业务价格为 23 ～ 40 美元。2014 年，OSN 平台上播出 146 个频道，而海湾地区的免费卫星平台有 600 多个。面对与免费频道的激烈竞争，OSN 一方面注重频道的品质，另一方面着力提升服务品质和革新服务方式。针对年轻群体在手机终端上收看视频的特点，OSN 推出了一个名为“行动中的 OSN”（Go by OSN）的业务，每月资费是 10 美元。OSN 认为，新兴媒体日益普及，电视运营商要重视年轻群体，革新服务提供的方式，要通过技术革新和服务模式创新，使他们即使不在电视机前面，也能非常便捷地收看到电视节目。2015 年，美国微软全国广播公司频道（MSNBC）在脸谱网（Facebook）上推出了两个新栏目，一个是在早间时段更新的突发新闻栏目，另一个是在晚间时段更新的重大新闻回顾栏目。MSNBC 开办这两个互联网栏目的目的是吸引年轻观众，MSNBC 总裁菲尔 • 格瑞夫林表示，如果媒体致力于触达年轻观众，就必须在他们活跃的媒体平台上进行传播。传统媒体很有必要与专业公司合作，利用其技术优势实现这个目标。而媒体则要继续专注于节目的制作和创新。

三、融合时代儿童媒体使用特征

对于在融合媒介环境中成长起来的一代人，他们从小就面对一个与父辈迥异的媒介环境，他们使用媒体的方式、习惯也与之前大不相同。更为重要的是，这一代人成长起来之后将会决定媒介的发展方向，反过来改写传媒版图。今天的传媒业需要认真研究儿童媒体使用特征，着眼长远发展趋势制定有针对性的应对策略，在日益激烈的竞争中把握先机。本节通过分析丹麦广播公司（DR）《2014 年丹麦媒体发展报告》以及英国童智研究机构关于 1995 年到 2015 年调查数据分析报告，探寻儿童媒体使用特征的变化以及传媒版图未来发展趋势，以供参考。

（一）媒介环境变化与儿童媒体使用时间特征

回顾社会发展历史，媒介环境的变化必然会对人们的社会行为产生一定影响，也会改变媒介使用时间的分配情况。互联网、移动智能终端等正在改变着人类社会，包括人们的媒体使用习惯、社交方式以及生活面貌等。1995年到2014年这二十年间，人类媒体使用习惯以及社会生活发生了巨大变化，其中一个重要原因就是媒介技术以及媒介环境都发生了改变。

童智研究机构（Childwise）对1995年到2015年相关调查数据进行了分析，得出结论：儿童使用电子屏幕的时间显著增长；所谓电子屏幕使用时间包括看电视，玩电子游戏，使用手机、个人电脑以及平板电脑等的时间。1995年的时候，5～16岁年龄段人群在屏幕前的平均时间大约为每天3小时，到2014年的时候，这一时间已经达到了6小时30分钟。其中，5～10岁年龄段人群在1995年日均收视时间是2.5个小时，到2014年的时候，他们花在各类屏幕前的时间为4.5个小时。在11～16岁年龄段的人群中，男孩花在电子屏幕前的平均时间为8小时，这个年龄段女孩在电子屏幕前所花时间为7.5个小时。在1995年的时候，这两个人群在电子屏幕前的平均时间都是3.5个小时。

如果仅仅从电视的收看时间来看，儿童看电视的时间呈现下降趋势。以丹麦为例，2014年，丹麦人日均收看传统电视节目的时间为2小时53分钟，比2013年下降了4%。在3～12岁年龄段人群中，收视时间降幅最大，达到了11%。不过从收听广播的情况来看，儿童的收听时间却又呈现增长趋势。2014年，丹麦人日均收听广播的时间是1小时56分钟。此前在2008年为2小时11分钟，2009年为2小时7分钟，2010年为2小时3分钟，2011年为2小时1分钟，2012年为1小时59分钟，2013年为1小时57分钟。不过，在10～20岁年龄段人群中，广播收听时间在近两年略有增长，2013年日均收听时间是53分钟，2014年增长到了59分钟。

（二）媒介终端发展与儿童收视终端使用特点

电视机曾是对儿童和成人最具有影响力的媒体。随着媒体的融合发展以及移动智能终端的普及，儿童与成人的收视习惯都在发生变化，其中一个显著特点就是，他们不再喜欢按照电视台编排的方式收看节目，而是倾向于随时随地收看自己喜欢的节目，例如，调查发现1995年的时候，儿童主要在电视机上收看直播节目，而2015年的时候，他们主要是观看节目回放或优图等网站上的视频。当然，这也非绝对，根据英国2014年的研究数据，5～15岁年龄的群体的观众每天收看2小时23分钟的电视节目，其中90%的内容是以直播形态播出的。儿童的终端使用时间也逐渐多元，不像20年前在电视机上就是看节目，现在他们在终端上还将大量时间花在浏览网页、查找信息上。在丹麦3～6岁年龄段儿童中，17%的人每天都会访问优图网。在7～12岁年龄段人群中，38%的人每天都会访问该网站，73%的人每周都会访问该网站。学龄前儿童在网站上观看他们在电视机上看过的内容，7～12岁年龄段儿童则主要是搜索音乐，另外了解一些技能、体育和兴趣方面的信息，以及观看一些有趣的视频；对于女孩来说了解发型等信息是重要目的。

终端使用的另一个特点是平板电脑、智能手机等移动智能终端占据了儿童越来越多的时间。以丹麦为例，2014年丹麦3～6岁年龄段儿童日均屏幕使用时间是1小时45分钟，7～12岁年龄段儿童日均屏幕使用时间是3小时5分钟。就时间分配而言，3～6岁年龄段儿童将53%的时间花在电视机前，27%花在平板电脑上，7%花在个人电脑上，5%花在智能手机上，4%花在游戏机上，4%花在收音机上；7～12岁年龄段儿童将41%的时间花在电视机前，22%花在平板电脑上，16%花在个人电脑上，13%花在智能手机上，5%花在游戏机上，3%花在收音机上。当儿童被问及最难以割舍的媒体设备时，35%的人回答是平板电脑，26%的人回答是电视机。在各种终端中，丹麦儿童特别青睐平板电脑，父母对此也持支持态度。一方面，平板电脑具有较低的操作难度，而且对于开发儿童的认知能力有一定的帮助。另一方面，父母认为儿童使用平板电脑比在电视机前看节目能学到更多东西。

（三）传媒版图未来发展趋势

美国学者尼尔•波兹曼在《童年的消逝》中提出，电视媒体导致了儿童世界与成人世界之间的趋同，因为电视对于识字能力没有要求，消除了获取信息的门槛，6岁和60岁的人具备相同的能力去观看电视所提供的内容，由此消弭了儿童世界与成人世界之间的差异。现在移动智能媒体进一步消除了儿童与成年人之间的差别，儿童认知世界的方式以及对外部世界的了解程度都在继续变化。可以预见，他们长大成人之后，这些变化以及给社会带来的影响还会进一步凸显，未来的传媒版图也会与今日大不相同。当然，儿童收视习惯变化最直接的结果就是导致传统电视台的收视情况发生变化。以英国为例，英国广播公司一台（BBC One）在7～16岁年龄段观众中的收视份额从1995年的80%下降到了2014年的40%。导致这种变化的原因主要有两方面：一是如前所述媒介环境的变化；二是儿童类的专业频道日益增多，改变了整个电视竞争格局和收视版图。从更深层面来分析，我们会发现，“电视”这一概念在当今儿童的心中已非我们长久以来所熟知的“电视”概念，而且

"看电视"这个概念正在变得日趋模糊。对于儿童来说，看电视至少包括观看传统电视频道、回放节目以及收看流媒体节目。电视与观众之间的关系在未来也会彻底改变，不再是长期以来那种稳定、单一和单向的关系，慢慢会被变化、多元和双向的关系所取代。

儿童的收视习惯将有力推动传媒版图的变化与变革。首先是传媒版图中的构成要素日趋多元，集中体现在节目来源多元化、内容分发渠道多元化以及播出终端多元化。在当前媒介环境中成长起来的新一代观众，他们自小就习惯于随时随地随心地观看节目，而不限于传统电视频道及其传播系统。与此同时，多元化意味着消除垄断，释放市场活力，但同时也意味着观众需要适应新的运行模式，包括内容检索方式和节目收看方式。其次是传媒版图中的价值链日趋复杂。现阶段，媒体行业正在形成新的价值链，而且价值链上，各个环节都力图在变局中寻求突破，力求控制价值链上的其他环节，例如，新兴媒体既在努力控制节目制作、节目版权，又在大力拓展内容分发、播出渠道。

多元化是当前电视市场的重要特征，而且多元化趋势还在进一步加剧。不过，内容依旧在整个价值链上居于核心位置，即使在融合媒介环境中，传统电视台经年累月生产的节目仍具有非凡的市场价值，这些节目资源也是与新兴媒体竞争的重要砝码。

第五节　传统广播电视与新媒体技术融合案例研究

湖南广电集团与新媒体接触比较早，是现阶段我国广电媒体中媒介融合实践中做得相对比较好的典范，有一套自己完整的模式。

一、媒介互动阶段（2005～2008 年）

媒介互动一般指传统媒体与新媒体在内容与营销领域的合作，主要是传统媒体创办网站，将传统媒体的内容放到互联网上，暂不涉及媒介所有权的合并，是比较浅层次的融合。面对新媒体的迅速发展，湖南卫视是较早进行媒介融合尝试的广电媒体。2004 年湖南广电集团首次试水新媒体，创办"金鹰网"，金鹰网是湖南广电集团在探索新媒体的进程中的重要里程碑事件，它是湖南广电集团在互联网不断崛起的环境下，为了扩大内容的传播范围，扩大内容的影响力而创办的新媒体平台。湖南卫视不仅通过金鹰网将自身生产的内容放到了网络上，还对自身的内容资源进行分类整合，包括新闻信息、娱乐信息，分类清晰合理，优化了资源布局，给使用者带来了良好的体验。金鹰网为湖南广电集团运营新媒体积累了经验，推动了湖南广电集团接下来更深次的媒介融合。

二、媒介整合阶段（2009～2013年）

媒介整合阶段首先涉及的是集团内部内容资源的整合开发，通过整合利用实现有限内容资源的最大化开发，进而将集团内部报纸、电视、广播、网络、手机以及户外的优势发挥到极致，形成传统媒体与新媒体的优势互动。同时媒介整合阶段还涉及媒介所有权的合并，各种媒介进行合作，从而实现效益最大化。2009年是湖南广电集团进击新媒体的转折年。从2009年开始，湖南广电集团加强与外部其他产业的合作，湖南广电集团的媒介融合从浅层次的拓宽内容传播渠道进入整合媒介资源实现媒介形态融合的阶段。湖南广电集团在2009年首先联手盛大公司，双方达成合作，共同出资成立了盛世影业有限公司，湖南广电集团借力盛大公司丰富的内容资源来进行影视开发与制作，同时也在内容的衍生领域加强合作，初步拓展了产业链。在2009年的12月份，湖南广电集团又与淘宝网达成合作，双方共同出资成立了“湖南快乐淘宝文化传播有限公司”，双方合作一档电视节目，将节目中的潮流物品放到淘宝专门设立的频道中。这一举措整合了湖南广电集团的内容优势与淘宝网的渠道和平台优势，开拓了一种电视传媒与电子商务相结合的新的商业模式。在这种商业模式中，电视媒体不再仅是内容的生产者，还成为物质的生产者，该模式丰富了电视媒介的盈利方式，探索了电视媒介打造完整产业链的可能性。

三、媒介大融合阶段（2014年至今）

媒介大融合是基于媒介技术、生产形态和终端融合的更深层次的信息产业各个领域的融合，是媒介融合的深入阶段，即产业层面的深度融合。2010年6月，湖南广电集团迈出媒介融合的关键一步，成立“芒果传媒”，并将自身旗下可经营性资产整合进芒果传媒。2014年5月湖南卫视又做出一项重大举措，宣布从2014年5月份开始正式实施芒果“独播战略”，并将致力于打造属于自己的互联网视频播放平台——芒果TV全平台，不再将频道的节目转播权售卖给其他新媒体视频网站。用牺牲短时售卖版权的利益，来为芒果TV提升流量，来扩大芒果TV的影响力，拉动芒果TV的平台升级，这是湖南广电集团布局全产业链“版权经营”的重要一步，目标是打造“平台＋内容＋终端＋应用”的芒果生态，构建“一云多屏”的全终端视频服务平台。

四、湖南广电集团媒介融合的表现

（一）内容融合

内容融合是媒介融合的一种表现，但同时也是实现媒介融合的一种途径。传统媒介内容的外在表现形式是文字、图片、音频和视频这四种形式。在互联网和数字技术出现之前，这些传统媒介各自泾渭分明。而数字技术的发展使这些产品都可以转化成 0 和 1 这两种形态进行存储和转换，为这些传统媒介内容的相互转换和融合提供了技术条件。现阶段传统媒介的内容一般都实现了不同程度的融合，而湖南广电集团在内容方面的融合一般体现在以下两个方面。

1. 内容形态的融合

信息内容形态的融合是融合的基本表现形式。在数字技术产生之前，内容没有实现融合时，传统媒介生产出的产品是各自完全不同的，如报纸的产品形态主要是文字和图片，而电视主要是视频，广播主要是声音。这使得受众在使用一种媒介产品时，只能获得一种表现形式，无法直观全方位地了解信息内容，如受众收看电视时，受线性传播的制约，观众一般只能观看视频。现在通过数字化技术和网络技术，原来独立的信息形态现在可以融合在一起，满足了受众多样化的信息需求。

2. 内容应用的融合

内容应用的融合主要体现在两个环节。一方面是在内容开始的生产阶段，由于媒介之间的融合成为可能，因此内容只需要进行一次通用性生产，不用在专门针对报纸生产文字和图片，对于电视生产视频，对于广播生产音频，这样既提高了内容生产的速度，又节省了内容进行多次生产的成本。另一方面是在内容的使用上，对于已经进行通用性生产的内容，不同的媒介就可以直接各取所需，根据各自媒介的特性进行针对性转换，实现内容的增值。

但是目前湖南广电集团的内容融合主要局限在综艺娱乐节目方面，而主流的节目融合，包括新闻、纪录片等多种形态的融合创新还比较少。虽然湖南卫视的立台宗旨和节目方向本身就偏向娱乐化，但是湖南卫视还具有事业性质，肩负着社会责任，要承担宣传使命，发挥喉舌与舆论导向作用，而湖南卫视的泛娱乐化和媚俗化倾向也一直为外界所诟病。

（二）渠道融合

湖南广电集团在渠道融合方面的表现主要是打破固有渠道和终端，积极拓展传播渠道，实现多渠道、多终端、多屏幕的互联互通。传统电视只能通过电视机这个单一渠道将内容传播出去，技术的发展打破了这种内容与渠道的单一联系，出现了互联互通的融合趋势。渠道和内容的博弈一直是传媒业争论的热点，传统媒体的核心优势主要体现在内容层面，但在新媒体时代，固守“内容为王”显然已经成为发展桎梏，因此创新平台渠道是其进行媒介融合的首要任务。下面以湖南广电集团对于2013年第一季《我是歌手》总决赛的多渠道传播为例进行说明。

湖南广电集团2013年重点打造的高端歌唱竞技节目《我是歌手》至开播以来收视火爆，引起全民追捧。而4月12日晚直播的总决赛也即“歌王争霸赛”更是万众期待。湖南广电集团在这次直播时，创新传播方式，拓展传播渠道，实现了电视屏、电脑屏、手机屏和电影屏的四屏合一。

第一是在电视屏上收看，观众还是可以通过传统的电视渠道4月13日晚在湖南卫视上收看《我是歌手》的总决赛直播。可以通过湖南广电集团开发的互动软件“呼啦”，通过扫描电视屏幕上方二维码与电视台进行互动，参与歌王人气投票。第二是在电脑屏上收看，一些观众受条件限制不能在电视屏幕上观看，特别是学生群体，可以选择在电脑上观看。收看方式是下载芒果TV（网页版），在芒果TV的直播区域进行收看，观众在收看的时候还可以在评论区域进行评论吐槽。第三是在手机屏上收看，一些观众受终端和场所的限制，也可以选择在手机上进行收看。只要手机下载芒果TV（手机版），即可在芒果TV直播区域收看。手机观众也可以通过“呼啦”与电视台的其他观众进行互动，参与到节目中来。第四是在电影屏上收看，这是电视史上传播渠道的一个伟大创新，实现了不仅能在电视、手机、电脑上收看电视节目，还可以在电影院收看电视节目。《我是歌手》总决赛前夕，湖南广电集团与万达影院达成合作，湖南广电集团携手万达在全国11个城市的12家院线同步直播《我是歌手》总决赛。

（三）营销融合

湖南广电集团在营销方面的融合主要体现在跨媒介营销和跨行业营销这两个方面。传统电视媒介的营销方式主要是靠在传统的电视媒体上播放节目宣传片、预告片等节目内容本身和电视媒介的品牌来进行传统的营销。但是新媒体环境下，这种传统的营销方式已经不能适应广告主和受众的要求，营销效果也不是很好。新媒体时代，受众获取信息的方式更加方便快捷，而且节目内容的海量性，使营销的作用增强；传统媒介时代，节目内容和受众的分化趋势还不明显，然而媒介融合时代，受众的分化、媒介内容生产的针对性更强，因此广告主要求精准化、多元营销，营销也实现了融合。

（四）产业融合

新媒体环境下，产业融合主要表现为不同产业或者同一产业的不同行业之间相互准入，相互交叉，最终融合为一体。这里主要指的是传统媒体扩展单一的盈利模式，实现盈利模式的多元化，同时重视内容的 IP 化，围绕核心内容，打造电视节目的一条完整产业链。

传统的电视媒体的主要盈利模式是广告收入，但是随着新媒体的冲击，越来越多的企业将广告投放转移到新媒体上，传统电视广告收入增速不断放缓。在 2008 年前，传统电视收入的 50% 来源于电视广告投放，然而随着互联网的快速发展，新媒体对传统电视广告收入的冲击也越来越大。CTR 媒介智讯的研究数据表明，电视广告投放额 2014 年同比 2013 年上涨 3.2%。众多传统电视台面对来自新媒体的冲击，除了在传统电视广告业务上不断做强，深挖客户价值外，还积极拥抱新媒体的时代趋势，通过改变经营模式，增加业务种类和范围，采取多元化经营的方式来增加收入也成为他们的必然选择。

如今 IP 已成为传媒行业中的一个热门词汇，IP 是 Intellectual Property 的简称，通指智力活动产生的名称著作权、标识、情节模式等，即知识产权。湖南广播电视台台长吕焕斌曾表示，传统媒体最核心的资源就是内容的 IP。因为传统媒体相对于新媒体在渠道、平台、终端、营销等方面都不占优势，而只有在内容方面，相对于新媒体具有累积多年的内容优势和专业的人才队伍。如果实行制播分离，传统电视连内容都不制作，那么传统电视台就会空心化，因此传统媒体一定要紧紧抓住内容的版权，以实现后续的产业链的开发。新媒体时代，所谓内容“IP 化”，即围绕一部热门资源的核心 IP 向产业链上下游延伸，形成囊括影视剧、书籍、手游、电商、应用 APP 等多种产品的新生态。

湖南广电集团对于综艺节目《爸爸去哪儿》的全媒体开发就是对于内容“IP 化”的运作典范。2013 年夏天湖南卫视亲子类真人秀节目《爸爸去哪儿》开播，获得极大成功，12 期节目收视率全部排名第一，最高收视率达到 5.3%，引起全民狂欢。湖南广电集团抓住这一重大优势条件，对于《爸爸去哪儿》进行全媒体运作，打造全产业链。首次尝试将综艺节目拍成同名大电影，《爸爸去哪儿》大电影也大获成功，取得 7 个多亿的高票房。另外《爸爸去哪儿》同名手游伴随节目的热播上线，首日下载量就突破百万，注册用户截至目前已经上亿，日活跃用户超过300万，同名图书未上架即已突破3万册。《爸爸去哪儿》的全媒体运作，大大延伸了传统电视的产业链，也使传统电视方意识到内容“IP化”的重要性及背后隐藏的巨大商业价值，因此传统电视方开始注意对内容版权的保护与开发。浙江卫视综艺节目《奔跑吧兄弟》同名大电影大获成功，收获4.21亿票房。广电行业对于内容的“IP”化，是在新媒体时代，对于内容意识的转化，开始将内容当作产品，把观众当作用户进行开发，大大提升了内容的附加值，形成了一套完整的产业链开发，这也是进行媒介融合的真正内涵，这也是以后广电行业应对新媒体，实现可持续发展的重要手段。

（五）管理融合

湖南广电集团在管理融合方面的表现主要是变革体制机制，释放集团活力。管理融合主要指的是业务管理创新，比如说管理方式改造、业务流程重塑等。新兴媒体对媒介的内容、渠道、平台和经营都造成了巨大的冲击，为了求得生存，传统媒体不得不加快融合的步伐，但是旧有的媒介组织管理机制却不能适应现在的媒介融合趋势，因此变革组织体系，重构组织流程是推动现有媒介融合的重要要求和保证，传统媒体应该转变旧有的事业组织结构向市场现代化的企业管理制度转型。

湖南广电集团较早就意识到了组织机制变革的重要性，在集团内部已经开展了两次改革，现在也正在进行第三次体制改革，旨在释放组织活力，为向新媒体转型提供一个顺畅高效的组织保证和良好宽松的氛围。第一阶段（1993～2001年）：放权革新机制，引入竞争。在这一时期湖南经视成立，湖南广电集团从内部进行改革，引入竞争机制，推行了栏目制片人制、栏目淘汰制和全员竞聘制，激发了员工的积极性和创造性，整合组建了一批具有活力和创造性的年轻团队，创造了一大批优秀的电视栏目，如《玫瑰之约》《娱乐无极限》《快乐大本营》等，这些节目知名度高，受众人群广泛，扩大了湖南广电集团的知名度，使其初步树立了自己的品牌形象。但是这一阶段的改革由于缺乏经验，内部机制没有协调统筹，资源浪费现象严重。第二阶段（2002～2006年）：整合资源，树立品牌。这一时期，湖南广电集团消除内耗，对内容进行调控，剥离整合资源，将频道之间进行压缩和区别，确立频道差异化。同时湖南广电集团在第一阶段通过娱乐性节目，打开了市场，初步确立了湖南卫视频道“娱乐化”定位，而在第二轮改革中，进一步强化“娱乐”概念，锁定年轻观众，同时在2004年，提出“快乐中国”的频道理念，跟之前的“娱乐”概念一脉相承，强化了其在观众心中的形象，扩大了品牌知名度和影响力。第三阶段（2007 年至今）：数字化运作，打造市场化主体。随着新媒体的兴起，媒介融合程度的加深，湖南广电集团在这一时期加强了与新媒体的互动，建设了新媒体平台和渠道。同时打破原来“事业单位、企业化管理”“管办合一、政企不分”的旧体制，积极培育新的市场主体——芒果传媒。湖南广电集团从 2006 年开始就一直在推行第三轮改革，到目前也还在进行着。但是由于一系列内在与外在的原因，改革困难重重，还在继续探索阶段。

第五章　新媒体时代广播电视的新型传播及相关案例研究

第一节　新媒体时代的变化

新媒体是基于数字技术、网络技术和移动通信技术，通过互联网、无线通信网等传播途径，利用电脑、手机、数字电视等终端传播设备，向公众提供信息和娱乐服务的媒体传播形态。现代社会，随着新媒体的不断进步和发展，移动互联网时代正在引发传统电视行业的一场变革，大数据、互联网思维等逐渐渗透到电视剧的创作生产、营销发行等环节，新媒体和多媒体的媒介融合，也使得电视艺术的发展平台、发展方式有了更多的变化。

一、传授关系的变化

新媒体时代的变化，从传授关系上看，公民意识的提高促使人人都可以成为记录者和传播者，传统意义上“媒体传授众看”的形式开始发生变化。分享和发现世界各处正在发生的事，随时随地分享身边的新鲜事，造就了人人都可以成为媒体信息的发布者。“公民记者”的大量出现，影响着电视剧的内容与形式，边收看边吐槽的互动模式改变着电视剧的发展走向以至于最终结局。新媒体的迅速发展和媒介融合的积极推进催生了电视参与性消费。融媒化网络平台上，电视剧从内容到形式的海量选择提升了受众的地位，受众已经变为消费者，广播电视消费者不再是传统意义上内容的被动接受者。从传者本位转化为受众本位，受众能够对传播内容主动发表意见和建议，甚至可以直接参与传播内容的策划、制作和推介。例如，激动网在其制剧播放过程中，观众可以参与剧情竞猜、角色扮演、恋爱养成、悬疑推理等多种互动活动和剧情体验。有的视频网站甚至把剧本修改权、部分演员的选拔权、部分作品的摄制权交给了电视爱好者，不但调动了专业级爱好者的创作积极性，而且容易形成话题传播和叠加传播，实现分众发行与合众发行，并以网络议程设置影响社会舆论，同时为广告植入、互动营销、专题营销提供了便利。

二、传播内容的变化

使用与满足理论是把受众成员看成有特定“需求”的人，把他们的媒介接触活动看成基于特定需求动机来“使用”媒介，从而使这些“需求”得到满足。使用与满足理论告诉我们，受众不再像“靶子”一样中弹，而是自主选择性接收满足自己需求的内容，在选择上突出个性化。

（一）满足受众对观影过程的需求

网络可以记载用户观看的历史进度，从而保证受众观看视频的连续性。网络的链接作用、相关性设置等，使网络电视受众在找到自己感兴趣的内容时，可以通过相关提示找到更多类似内容。同时，他们在观看时可以对播放的速度、位置随时进行调整，根据自我需要控制进度。

（二）满足受众对内容的需求

新媒体时代，易形成小众化传播。这里的“小众”不再是笼统意义上的一群人，而是按照年龄、性别、种族、收入、职业、教育水平、居住区域、兴趣爱好等因素划分成的不同的群体。网络技术的进步使传播者可以根据大数据获得该群体的人口统计学等特征，并根据不同群体的特征提供其需要的信息，以及根据同一群体的不同需求提供相应的信息。因而在此基础上再对受众进行全面、科学、定量的分析，针对目标观众的年龄结构、文化水准、教育程度、收视习惯，乃至消费能力、收入情况、生活习惯、心理状态等诸多信息进行研究，制作出适合他们的电视剧内容。例如，《古剑奇谭》《花千骨》等古装玄幻电视剧由人气颇高的网络小说改编而来，获得了颇高的收视率；《小儿难养》《辣妈正传》《孩奴》《虎妈猫爸》等剧则是针对“80后”年轻父母处于人生而立之年面对育儿问题的现实题材内容，深受观众追捧。

（三）满足受众参与其中的需求

为了充分满足视频用户的需求，一些电视剧的制作采取了“边制边播”的模式，即播出部分内容的同时，根据网络互动情况和用户意见征集进行快节奏的后续内容创制。湖南卫视对《不一样的美男子》《古剑奇谭》《花千骨》等多部电视剧采取“边制边播”的模式，这类剧的编剧在创作剧本的过程中会因为观众的意向而改变剧本或者人物的发展走向，还会针对多数观众的需要增加一些话题和人物情节，以此满足受众、充分调动受众的热情去追随电视剧。《花千骨》一剧创造了中国电视剧网络播放量破200亿的纪录、电视周播剧收视最高纪录等，这些都是充分满足受众需求之后的回报。

三、传播形态的变化

电视文化传播作为最大众化的文艺审美活动，在电子媒介扩张、文化日益多元的新媒体时代下，无论是理论形态还是实践形式，都在回应着这种鲜明且急剧的时代变动，电视文化的发展出现了许多新的景观。

（一）网络剧形态

网络剧是专门为电脑网络制作、通过互联网播放的视频作品，是一种网络与电视艺术相结合的新兴艺术品种，是一种形似电视剧却又比电视剧更贴近、更符合现代人生活规律、生活现实的艺术形式。近年来国内网络剧快速发展，如优酷网的《万万没想到》爆红网络，被称为新一代“神剧”，土豆网的《欢迎爱光临》，搜狐视频的《钱多多嫁人记》《猫人女王》等网络剧点击量较高。作为一种网络与电视艺术相结合的新兴艺术品种，网络剧具有一些区别于其他电视艺术作品的特征。剧集短小精悍，短则三五分钟，长则十几分钟，观众可以忙里偷闲点击网络剧看上三五分钟，在紧张的学习工作之余来点“缓冲”，不必担心沉迷于故事不能自拔；网络剧的语言一般比较感性直接、时尚应景，迎合了新生代受众的审美习惯；故事内容来源于生活、贴近现实，容易引发同龄群体的情绪共鸣；叙事上力求简单，无论是以单本剧形式出现还是以系列剧形式出现，基本上每集讲一个故事。在系列剧中，故事和故事之间既没有明显的前后相继的时间性，又没有太大的关联性，故事情节简单、单一，叙事呈现出碎片化；其交互式、零距离的传播模式，能够激发网友主动参与、主动传播的热情。

（二）微电影形态

微电影是视频播放技术及移动通信终端不断发展的产物，同时也是信息互联化、时间“碎片化”下受众的必然需求。微电影是充分整合了传统电影和现代网络视频的一些要素，并适宜在移动和休闲状态下观看的网络短片。一方面，它具有完整的策划和系统的制作体系，电影的结构、情节、人物、立意都十分清晰；另一方面，它又不是传统意义上的电影，它能够在短时间内连续展示画面，构成完整的银幕形象和情节，又能在画面空间上展开形象，使作品获得多种手段和多种方式的表现力。片子短小，一般在 15 分钟以内，属微时长、微制作和微投资。

微电影从内容上大致分为两类。一类是在通过网络视听符号为受众提供娱乐的同时也在向他们传达一种思想方式和价值取向，而这种价值取向正在潜移默化地影响着受众的生活形态，典型代表是《老男孩》。该片以“80 后的青春是否还记得当初的梦想”为主题，通过选秀节目切入，追忆两位参赛者追逐梦想的青春经历。在影片风格上借鉴了许多互联网元素，夸张、无厘头甚至略带荒诞的叙事，让短片充满笑料和包袱。无论是在哪个年代长大的人，都能在影片里找到自己的影子，找到自己关于时光与青春的记忆。另一类是企业为自己拍摄的广告，通过电影故事情节将广告产品合理地融入影片中，逐渐让受众接受产品的理念，改变他们的消费方式。由凯迪拉克出品、吴彦祖主演的《一触即发》和莫文蔚主演的《66 号公路》堪称广告微电影的经典之作。两部微电影把凯迪拉克汽车“傲然科技，一触即发”的产品特点和追寻心中自由、激发对梦想的渴望的产品理念很好地进行了融合。

四、传播策略的变化

互联网时代电视传播的手段增多，“微传播”兴盛。电视艺术作品不再单纯依靠传统的影院、电视台进行“郑重其事”的传播；媒介融合时代下的新技术推动，使电视艺术作品甚至电视明星都可以借助几乎是零门槛的网络平台进行“微传播”，而且其传播效果常常胜于传统影院、电视台。

（一）电视作品的新媒体宣传

新媒体传播的跨时空和交互性特点，让很多电视供应商在宣传和播映电视作品时，除了利用影院、电视台等传统的传播媒体外，也会有计划地与许多流媒体、宽带视频，甚至包括手机通信等新媒体企业合作，为电视传播提供多元化条件。电视企业营销团队通过创建有营销力的网络内容，让与电视产品有关的微博、微信、博客、视频和社交网站更具可读性和影响力，以此吸引用户关注，进而促进市场销售。这样有助于形成电视台和互联网在受众覆盖、收视习惯等方面的优势互补。近几年的电视作品借助微博、空间、贴吧等社交媒体进行营销，都取得了显著的效果。《虎妈猫爸》《花千骨》《伪装者》《琅琊榜》等，这些电视剧都无一例外地大量借助互联网进行宣传：制造话题、制作各类宣传小短片、讲述电视剧拍摄的台前幕后，并选取电视剧精华半遮半掩地“剧透”，以这些方式引起大众的追剧热情。

（二）引导用户主动参与电视宣传

电视剧在数字时代的新营销关键点在于，让观众借助各类媒体的宣传主动自觉地融入与电视剧有关的话题、演员、故事、拍摄花絮等元素之中，让数以千万计的用户主动参与电视剧的宣传。

以电视剧《虎妈猫爸》为例，该剧上映前就以有“中国最卖座”女导演、身价数十亿影业股东、新晋金像奖“影后”、歌手等多个头衔的赵薇回归荧屏并和老搭档佟大为联手演绎一出“育儿大战”为话题进行宣传。该剧凭借男女主角的影响力以及涉及孩子幼升小、职场、家庭关系等当下热门话题，引发了全民讨论的热潮，调动了观众的观剧热情，未播先热。

腾讯视频在该剧开播前一周就以“倒计时”的形式独家提供精彩花絮视频，观众不仅能看到赵薇、佟大为剧中“激情戏”的拍摄全过程，还能看到赵薇片场发飙、怒斥佟大为的震撼场面等。腾讯视频还首次打造了移动端官网，专门为观众提供了“VIP 定制菜单”，在《虎妈猫爸》专辑下，用户可以观看到所有台前幕后的信息，包括最新剧集、精彩花絮、明星动态以及新闻资讯等；同时首创“看剧 +”的概念，精心打造了《虎妈猫爸天天见》《佟言无忌》《萌剧评》《剧有戏》等多档栏目，助观众全方位看剧，并设计互动游戏吸引观众。此外，还邀请了赵薇、佟大为等剧中主要演员借助弹幕、在线聊天、微博等形式，与观众展开零距离互动，在《虎妈猫爸》第一集中，赵薇通过弹幕跟大家互动聊天，掀起互动高潮。

优酷网在《虎妈猫爸》播放时联手优酷土豆教育中心，邀请知名心智教育专家曹廷珲，美国伯克利加州大学心理学系社会及人格心理学专业主任、清华大学心理学系主任彭凯平等专家解读亲子教育，为广大新手爸妈支招，戏里戏外话题不断，吸引了众多追剧者参与其中。

东方卫视在《虎妈猫爸》播出过程中推出了“边看边买”的“屏购”模式。观众观剧时只要按照东方卫视在屏幕上的提示，开启某网购软件后扫描台标，就可进入《虎妈猫爸》专题购物页面，剧中出现的家电、日用品、食品、服装等各类同款产品，观众均可在该页面中找到。随着剧情的发展，“屏购”页面会在当晚时时上新，当晚能在电视剧中看到的特殊商品也可以在页面中找到。腾讯视频也推出了在观看《虎妈猫爸》时如果心仪赵薇身上的某件大牌衣服，或是剧中的某样生活商品，点击屏幕右侧的商品图片即可收藏和购买该商品的功能，实现了“边看边买”，给用户带来了新颖的“视频 + 电商”的购物体验。这种边观剧边购物的体验，也吸引了更多用户参与到话题讨论和观剧大潮之中，为电视剧营销助了一臂之力。

（三）新媒体的造星之路

大数据，或称巨量资料，指的是需要新处理模式才能具有更强的决策力、洞察力和流程优化能力的海量、高增长率和多样化的信息资产，往往具有实时性。大数据最核心的价值就是在于对于海量数据进行存储和分析。大数据分析是在研究大量数据的过程中寻找一系列有用的信息，可以帮助企业更好地适应变化并做出更明智的决策。

大数据是互联网发展到现今阶段的一种特征，它开启了重大的时代转型，大数据正在改变我们的生活以及理解世界的方式，成为新发明和新服务的源泉。百度在对 2014 年度“男星品牌数字资产”进行大数据计算的时候，以数字内容量、关注度、参与度为维度进行综合评估，“鹿晗”这个名字从数以千计的明星中脱颖而出，名列第一。在 2015 年 2 月的男明星搜索指数排行榜上，排名第一的是热门电视剧《何以笙箫默》的男主角钟汉良，排名第二的是鹿晗。在年度“人气王”的指数中，鹿晗排名第一，为 2.59 亿。就是这位绝大多数“90 后”以前的人都不太熟悉的少年，在 2014 年 8 月 19 日发出的一条新浪微博，单条评论数达 1316 万条创下吉尼斯世界纪录。他是谁？怎么会有这样的能量？2012 年，鹿晗出道，担任韩国偶像团体 EXO 乐队的主唱，迅速爆红。2014 年，鹿晗与 SM 解约，归国发展，出演了电影《重返 20 岁》。与鹿晗出道经历相同的还有吴亦凡、黄子韬等一批被网民誉为“小鲜肉”的明星们。“鹿晗们”的造星路径，与以往的大众偶像明星有很大的不同，过往的明星制造路径基本上延续了“演艺产品——大众媒体关注——话题营销”的三部曲，可是“鹿晗们”则大大缩短了发酵的过程，他们首先是在社交媒体里实现精准粉丝的聚集，而渠道则是贴吧、QQ 群、微信朋友圈、微博名人排行榜等，在形成了相当的粉丝群体后，再反向引爆于大众媒体，在这一生态中，明星与粉丝达成了直接的沟通关系。鹿晗粉丝圈的内向性很强，族群特征更鲜明，明星能够展现才艺的空间也变得空前的跨界多元。这是一种新的互联网造星模式——在新媒体平台拥有众多粉丝再通过作品出现在大众媒体展示自己，由粉丝支持他们在大众视野的发展，这种新型的明星成名之路已然成为一种流行趋势。

在基于数字技术的新媒体环境下，电视作品的传播方式已经突破单一的线性模式真正过渡为“即点即播，即播即看”的多元化互动型传播模式。这种形式上的互动性不仅仅局限在视频影像点播这种传播方式的改变，还表现在整个电视信息形成过程的改变，电视信息宣传策略的改变包括电视明星成长之路的改变，这一切都形成了新媒体环境下电视传播的新变化。

第二节　新媒体时代广播电视传播的战略转型

传统电视台如果还停留在政策保护和垄断意识中，就会在接下来的媒介融合发展浪潮中失去话语权，仅仅充当一个节目播出渠道，依附于一些大型跨界的媒介平台。因此，传统电视台必须在“互联网+”的思维下，重新定位受众，将自身打造成大型跨界的媒介平台，从生产节目到开发IP，创造自己的平台价值。

一、从观众到粉丝

在电视媒介的传统传播体系中，观众是一种被动接受者，因为其无法实现即时反馈，而是否能够形成即时反馈是衡量互动性的关键。尽管电视观众也可以通过书信等方式表达对节目的看法，但这种反馈并不是即时的。在施拉姆的大众传播模式中，受众对传播者的反馈是一种可能的反馈，并不是一种常态和即时的反馈。在“皮下注射理论”和“魔弹论”等传播效果理论中，观众接收信息就像被子弹击中和接受药剂注射一样，可以产生直接迅速的反应，完全被媒体左右。随后的传播效果理论，包括有限效果理论和宏观社会效果理论，修正了对受众被动消极的认识，充分考虑了受众接受的各种影响因素，但在传统媒体框架中，依旧是单向传播，受众无法即时反馈。在法兰克福学派的理论中，受众消极被动的始作俑者是文化工业，在资本的控制下，大众文化产品只为消遣娱乐，瓦解了个体的批判和否定精神，让人成为“单向度的人”，完全被大众文化主宰。

随着社交媒体的发展，电视观众逐渐习惯一边观看节目一边在社交媒体上发布各种信息，尤其是那种现象级的节目，能够掀起网络舆论热潮。例如，第一季《我是歌手》在总决赛之前微博话题量就已经超过了1.2亿。既是网民又是观众的双重身份，让电视观众的角色发生了变化，“对待受众不能像过去的‘消极的受众’阶段一样。而是要进入‘用户’阶段。”从观众到用户，更为关键的是内涵发生了变化，用户与媒体是互动关系，用户具有更大的主动性和选择性，具有即时的反馈机制。早在数字电视发展初期，因为付费频道的出现，电视观众身份发生了分化，一部分观众可以通过付费选择自己喜欢的频道，频道专为这些观众定制生产内容。这部分观众成了付费频道的电视用户，享有比一般观众更多的选择权。但相对社交媒体环境下的电视用户，付费频道的电视用户没有即时的反馈通道，选择的主动性和范围都非常有限。

在“互联网+”的思维下，电视媒体不仅要与电视用户进行充分的互动和沟通，还要能够让电视用户升级为节目的粉丝。美国的大众文化理论家约翰·菲斯克认为，粉丝是“过度的读者”，是一种狂热的受众，他们可以借用电视节目等大众文化文本生产属于自己的意义，“粉丝们经常将这些符号生产转化为可在粉丝社群中传播，并以此来帮助界定该粉丝社群的某种文化生产形式。粉丝们创造了一种拥有自己的生产及流通体系的粉丝文化”。粉丝文化的存在创造了一种粉丝文化经济，在约翰·菲斯克看来，电视媒体是大众文化的生产机器，电视媒介经济是一种典型的文化经济。从2005年《超级女声》的成功开始，我国的电视粉丝经济已初露端倪，到《爸爸去哪儿》等大型综艺节目的热播及同名电影的成功，我国的电视粉丝经济在持续发展。但由于体制和观念等的原因，我国的电视粉丝经济还处于一种非自觉阶段。然而，阿里巴巴等互联网企业已经洞悉了这种转型，开始抢先布局，利用多种手段构建粉丝社区，开发粉丝经济价值，从投资、制作到产品开发，深度介入电视媒介经济的产业链中。2014年9月15日，阿里巴巴旗下的众筹产品娱乐宝第三期正式发售，此次众筹针对的是东方卫视的真人秀节目《中国梦之声》，这是娱乐宝第一次对接电视，开放的投资额达到1亿元，每份投资为100元，最多可以购买20份，预期综合年化收益为7%，三年期满收回本金。购买《中国梦之声》娱乐宝的消费者，除了能够获得保底收益外，还有机会拥有一些特别的权利，如获得“现场观战”席位、“全国五大城市巡演免费看”等。观众可以通过购买娱乐宝产品成为电视节目的投资人，获得投资回报。从电视用户到节目的投资人，观众的角色又发生了一次蜕变。事实上，众筹也“不过是粉丝经济的一种玩法，提前以‘投资’建立忠实粉丝社群，为该粉丝群体提供专属产品或服务，增强黏性”。

二、从节目到IP

我国电视节目最初由电视台内部制作，是一种自产自销的状态。制作什么样的节目完全由电视台自己确定，电视台具有绝对的话语权。随着电视媒介产业化的发展，电视节目制作逐渐过渡到社会化生产阶段，电视台逐步将新闻节目以外的其他节目推向社会，催生出一批电视节目制作公司。在这个阶段，电视台依旧掌控节目播出渠道，在节目生产方面仍然有绝对的话语权。但是在社会化生产阶段，经济效益成为一个重要指标，收视率成为衡量节目是否成功的重要标准，经验和观众调查成为节目市场预判的基本依据。在这种运营体系中，节目生产存在巨大的风险。很多节目根本无法进入播出渠道，生产出来就直接夭折；有一些被寄予厚望的节目播出后遭遇市场冷落；有一些节目在播出过程中由于收视率低迷不得不停播；还有一些不被看好的节目在经过无数波折后反而成为观众的宠儿。这种状况让节目生产公司和电视台无所适从，也限制了电视媒介产业的进一步发展。这主要是因为这个阶段电视采用的还是单向传播模式，观众和节目生产者无法进行有效的沟通和对话，导致了节目生产和观众的割裂。另外，通过观众调查得来的数据比较有限，并不能完全体现观众对节目的偏好。

在数字新媒体时代，这些问题都迎刃而解。数字新媒体采用的是一种点面结合的双向互动传播，可以让电视观众和节目生产者进行深度沟通。数字新媒体可以用大数据对电视观众进行全方位立体式定位，从而实现节目的精准化传播。然而，数字新媒体也给电视媒体的播出渠道带来了冲击，多屏化时代让观众有更多的选择。尽管电视媒体也建立了自己的网站，有了自己的官方微博和微信公众号。这也仅仅是“+ 互联网”框架中的布局，电视没有达到与新媒体的深度融合，没有在节目生产体系上有质的改变。在“互联网 +”思维下，电视节目生产模式将发生颠覆式的变革，节目生产转变为 IP 运营，彻底推翻了传统的节目生产流程。IP 是 Intellectual Property（知识产权）的简称，但 IP 又不仅仅是知识产权，还是基于互联网的文化产品的生产模式。

首先，IP 属于内容产业范畴，目前主要应用于文学、游戏、动漫、电影和电视。从产业延伸这个角度来说，IP 运营还只是跨类延伸，在不同媒介中进行互文生产，还没有到跨界延伸的程度，因为跨界延伸已经超出内容产业范畴。IP 运营实质上是一种互文生产。互文是文学批评中的理论术语，两个以上文本之间通过相互指涉、辨认、对话形成的文本间的多重复杂关系就是互文性。互文同时也是一种创作手法，正因为作者有意或无意利用现有作品创作出新作品，才会有文本之间的互文性。任何一个文本都不是孤立的，它是“一个多维的空间，各种各样的写作（没有一种是起源性的）在其中交织着、冲突着。文本是来自文化的无数中心的引语构成的交织物”。互文的创作手法主要有改编、戏仿、拼贴、再现等。互文生产就是采用互文的手法生产各种文本，形成产业链，最终使经济效益最大化。电视 IP 运营既可以由文学、游戏、动漫、电影等互文生产出电视产品，又可以由电视 IP 互文生产出文学、游戏、动漫和电影。如湖南卫视推出的《爸爸去哪儿》，网络话题阅读量超过 180 亿大关，是一个优质电视节目 IP，在随后的 IP 运营中，也取得了不俗的成绩：同名电影票房达到了 7 个亿；推出同名手机游戏的当天，下载量达到了 100 万，注册用户 1.5 亿；还有亲子教育 APP 等系列线上线下产品，反响都不错。一般来说，IP 包括外在产品、媒介产品和价值观三个层次，其中，内核是价值观。无论产品形式怎么变化，作为内核的价值观要保持不变。如果偏离了原有的价值观，会带来不可预知的市场风险。电视IP运营从一开始就不只限于电视产品，而是要打通不同的媒介，形成IP产品有效组合，建构一个IP集成平台。这个集成平台是互文生产工厂，既可以整合不同形式的IP，又可以不断生成不同媒介形式的产品。IP集成平台的存在改变了电视节目的生产模式。

其次，互联网是优质IP的试金石。无论是文学、游戏、动漫还是影视，都必须经过互联网传播。只有那些能够在互联网中生存并拥有大批粉丝的IP才是优质IP，这是进行IP运营的基础。只有在互联网中，创作者和受众之间的传播渠道才是双向互通的，受众才能够主动参与创作。在网络文学、游戏和动漫中，受众可以即时发表评论，表现自己对作品的好恶。当众多的受众达成一致时，创作者会根据受众的意见进行修改和调整，使这些作品能够符合受众的意愿。从这个意义上说，这些作品是创作者和受众共同创作的。受众参与IP的创作还是一种情感的投射。投射是心理学术语，是将自己的情感意识向外转化的过程，其本质是自我的现实化和理想化。受众参与创作，就是将自我投射到作品中，让作品成为自我情感的外在体现，是在与外在客体进行充分沟通的基础上实行自我认同的一种途径。因此，受众对作品的支持是浸透了情感的自我身份建构的需要。在这个过程中，受众逐渐成为作品的粉丝。另外，通过互联网，粉丝之间可以展开充分的沟通和交流，形成粉丝群。每一个优质IP都有一个庞大的粉丝群。这些粉丝群体是在兴趣爱好一致的基础上自愿形成的社会群体，会通过一系列群体活动来凸显身份，以显示与其他群体的区别，从而实现群体认同。粉丝群体传播不仅为个体身份认同提供了坚实的基础，还为群体进一步发展壮大提供了动力。经过互联网过滤的IP可以明确自身的价值点，进行有效的市场定位。

最后，IP运营是一种品牌驱动模式。传统的电视节目生产是一种节目驱动模式，围绕节目的策划、生产和播出，调动了各种机构和要素相互协调配合。节目也可以成为品牌，但必须等节目播出以后才有可能，而且这种可能性很低。在节目驱动模式中，有些节目尽管市场反响不错，最终也成了品牌节目，但也仅仅停留在节目范畴中，其价值只体现在多轮次重复播出。在IP运营的品牌驱动模式中，节目源本身就是一个品牌，积聚了强大的网络人气。品牌是一种无形资产，IP具有庞大的粉丝群，蕴含了较高的品牌价值。如果只有一种产品形式，则无法体现IP的品牌价值。因此，IP运营的品牌驱动模式首先要将IP的品牌价值最大化，要将IP开发成不同的产品形式，实现产品的有机组合，充分挖掘品牌价值。文学、游戏、动漫和电影等IP都可以开发成电视产品，通过电视平台播出后，IP 的品牌价值将会进一步增值。节目源本身的品牌为成功开发电视产品提供了保证，电视产品成功之后可以反哺原来 IP 的品牌价值，形成良性循环。这就是 IP 品牌驱动的基本路径。具体体现在两个方面：第一，电视产品获得成功后，会大幅提高 IP 的知名度，这是因为有很多电视观众加入进来，成为 IP 的新粉丝；第二，电视产品也让原来的粉丝增加了新的体验，加强了粉丝和 IP 之间的关系。“品牌是一个全方位的架构，牵涉消费者与品牌沟通的方方面面，并且品牌更多地被视为一种‘体验’，一种消费者能亲身参与的更深层次的关系，一种与消费者进行理性和感性互协的总和，若不能与消费者结成亲密关系，产品就从根本上丧失了被称为品牌的资格。”这种体验将会强化原有粉丝的忠诚度，为 IP 的下一步开发奠定更加厚实的基础。

三、从渠道到平台

在习惯性思维下，传统电视台将自身定位为独一无二的播出渠道，通过生产或购买优质节目来实现渠道价值，其利润基本上来自广告，节目收视率越高利润越丰厚。在应对数字新媒体的发展中，各电视台也纷纷布局互联网，建立了自己的网络台，比如湖南台的“芒果 TV”。但这种网络台仅仅是电视媒体的一个网络播出渠道，和电视台播出同样的节目，相当于在电视之外增加了一个网络频道。

在“互联网 +”思维下，电视媒体不能只在渠道上做加法，必须转型成数字媒介平台。这是一个资源整合平台，整合了各种媒体资源，包括传统媒体和数字媒体，远远超出了电视媒体的范围。这个平台是一个产业聚合平台，包括产品的投融资、创意生产、营销发行和体验，甚至还包括衍生产品开发。这还是一个创新平台，包括资本运营创新、创意生产创新、营销发行创新、用户体验创新和商业模式创新等。其实，早在开始探讨三网融合时，有学者就注意到了三网融合具有平台化的发展趋势，包括三个基本内涵：传播介质互通、接入互融互通和参与主体存在双边或多边相互依存的关系。因此，在三网融合背景下，广电系统和电信系统的竞争是一种平台竞争。这种平台化趋势主要是传播技术推动的，不同载体的信息可以集合在一个平台上让受众自由分享。实际上，平台不仅能够集聚资源，实现资源的有效配置，还可以提高效率，具有明显的经济价值，是一种新型的媒介经济形态。在“互联网 +”思维下，由电视媒体转型而来的媒介平台不仅是信息集聚平台，还是电视和互联网深度融合形成的新的媒介产业形态。“平台化趋势是一个从垂直的、线性的产业链模式向产业价值网转变的过程；竞争思维从封闭、控制、垄断转向以开放来获得成长、以合作来获得竞争优势；产业组织形式从金字塔式层级结构向海量端点的对等协作生产、产销合一转变。”

从节目播出渠道到电视媒介平台，参与主体之间的关系发生了显著变化。在节目播出渠道中，各主体之间是割裂的，节目生产者与观众无法进行直接对话交流，观众与观众也无法进行沟通。在电视数字媒介平台中，各参与主体是互联互通的关系，相互之间可以借助平台进行直接的对话交流。可以说，借助数字化技术，电视媒介建构了一种新型的社会关系。“媒介为社会关系的存在和发展服务，并作为内外信息的承载物不断在维度、质量上逐级递进；从单层到多层、从单向到多向、从单维度到多维度再到全息，逐步升级。”在电视媒介平台中，观众已经成为用户，用户之间的互联沟通形成网络，网络具有极强的外部性，平台的用户越多，对其他用户的吸引力就越大。因为用户越多，意味着用户之间信息交流的机会就越多，用户使用平台的费用就越低。在这个网络中，每个用户就是一个节点，每个节点都是一个关系节点。著名的“梅特卡夫定律”认为：网络价值等于网络节点数的平方，这意味着网络价值取决于各个网络节点的关系价值。电视媒介平台不仅能促进用户之间的互联沟通，还可以将不同类型的主体整合在一个平台上，这也是平台的间接网络外部性的体现。平台提供的某种服务的用户数量多，会导致提供与这种服务相关的产品和服务的商家增多，而且价格更低。这种某一类型的用户数量间接影响另一类用户的特性就是平台的间接网络外部性。根据这个属性，电视媒介平台需要提供更多的一体化经营服务，满足用户的多元化需求，以吸引更多的用户和增强平台用户黏度。

电视媒介平台化是数字化媒体时代发展媒介经济、实现媒介产业化经营的必由之路。在数字化时代，媒介之间的竞争是一种平台竞争。由于平台之间的趋同性，“平台竞争并不是差异化竞争，而是赢家通吃的替代性竞争”。这种竞争并非停留在传统媒体领域或新媒体领域，而是会扩展到整个媒体领域，传统媒体受到新媒体的冲击最大。在媒介产业领域，电视等传统媒体再也不能在政策保护支持下一枝独秀，互联网等新媒体也不再是附庸，两者在发展媒介平台上将展开平等而直接的竞争，竞争的结果就是要么成为综合服务平台，要么沦为平台上的一个专项服务提供商。在竞争的过程中，平台的延展性成为竞争的关键。平台的延展性是指在数字技术网络平台的基础上能够容纳多元应用服务平台的能力，包括内容平台、商务平台、社交平台、娱乐平台、资讯平台、教育平台等。容纳的应用服务平台越多，一体化服务能力就越强，用户的忠诚度就越高，媒介平台竞争力就越强。在媒介平台化发展初期，电视等传统媒体和网络新媒体各有所长，比如，电视媒体具有强大的内容资源，掌控视频内容的审查和牌照发放权力；网络等新媒体则具有社交和电子商务的成熟经验。而且一方的优势恰好是对方的劣势。但从未来发展来看，两者的战略布局和平台架构高度一致，都面临着发挥现有优势补强自身短板的迫切任务，谁能够以最快速度增强短板，谁就能抢占先机，占领媒介平台竞争的制高点。因而，在互联网发展大潮中，电视必须采用“互联网 +”的战略思维，实现全面转型，这样才能够站稳脚跟。

第三节　美国三大电视网融合的案例研究

目前，电视、电信与互联网产业的融合正在日益深化，并带来技术、市场、服务等方面的深度变革。在电视业中，电视运营业居于渠道环节，在融合的道路上起步最早、步伐最快，其中尤以有线电视和 IPTV 表现最为显著。相比电视运营业，电视台作为制作、集成以及播出环节，缺乏融合的市场压力和利益驱动，融合的推进速度一直较慢。随着视频网站等的快速发展，以及多屏播出等相关技术的成熟，传统电视台开始意识到其内容制作方、集成方和播出方的地位均已受到威胁，由此开始进入融合发展的阶段。本节以美国三大电视网（NBC、CBS 和 ABC）的融合策略为例，探讨传统电视台在融合时代的发展策略。

一、美国三大电视网简介

传统上，美国全国性电视网主要有全国广播公司（NBC）、哥伦比亚广播公司（CBS）和美国广播公司（ABC）三家，因此被称为三大电视网。在美国，全国性电视网的垄断性非常强，且多有大集团的资本背景，其中全国广播公司隶属于康卡斯特公司，哥伦比亚广播公司隶属于全国娱乐公司，美国广播公司隶属于迪士尼集团。全国广播公司主要播出四个全国性频道，即高清频道、新闻频道、消费者新闻与商业频道和体育频道。哥伦比亚广播公司主要播出三个全国性频道，即高清频道、新闻频道和体育频道。美国广播公司主要播出三个全国性频道，即高清频道、新闻频道和家庭频道。三大电视网在美国主要地区都有其附属电视台，它们之间主要是直属和运营关系，运营关系又可以分为附属和加盟两种形态。全国广播公司在纽约、洛杉矶等 7 座城市设有直属电视台，并在全国拥有 208 座加盟电视台、214 座联盟电视台。哥伦比亚广播公司在全国拥有 5 座直属电视台、7 座附属电视台和 200 多家联盟电视台。美国广播公司在全国拥有 8 座直属电视台和 220 座附属电视台。直属、附属和加盟电视台每天在固定时间播出所隶属的电视网制作的国内及国际新闻节目，通常是全国性新闻、娱乐、体育类节目，其余时间则播出本地节目；附属电视台也会向全国电视网提供有价值的地方新闻。就收视率而言，美国传统三大电视网在 20 世纪 80 年代初收视份额都在 15% 以上，但到了 20 世纪 90 年代初则降到了 10% 左右，到 21 世纪初则仅有 8% 左右。在这二十年中，福克斯广播公司等电视网的出现是三大电视网收视率下降的主要原因。

目前，在三大电视网中，哥伦比亚广播公司在收视份额上仍居于领先地位，2013 年黄金时段（在 18 ～ 49 岁收视群体中）收视份额为 8%。全国广播公司和福克斯广播公司并列第二，两家公司在 2013 年黄金时段（在 18 ～ 49 岁收视群体中）收视份额都为 7%。美国广播公司位列第四，其 2013 年黄金时段（在 18 ～ 49 岁收视群体中）收视份额为 6%。

二、美国三大电视网融合策略的背景

美国三大电视网作为美国电视业的中坚力量，在内容制作、集成和播出环节上具有较强的竞争力，但在新技术应用上较为滞后。美国探索传播公司创始人约翰•亨德里克斯在回顾全国性电视网发展历程时表示，这些电视网在自我核心业务定位方面并不准确，这直接导致了商机的丧失。例如，在 20 世纪 70 年代，美国有线电视业务处于黄金时期，全国性电视网对此未加重视，坐拥丰富的节目资源却没有开办专业性的有线电视频道，由此丧失了增加节目播出渠道和营利来源的契机。“许多企业之所以错过了行业内孕育出的大好机会，是因为它们没有给自己一个正确的定位。很多时候，这种失败都是源自企业错误地以为自己的核心业务符合目前流行的传送或者发行技术。”近几年，奈飞公司等积极发展 OTT 业务，订户规模直线上升。奈飞公司在 2015 年初已拥有近 5000 万的订户，到 2020 年国际订户总数有望达到 1.04 亿。这些 OTT 业务公司不仅涉足内容分发业务，还从事节目制作、集成和播出业务，与传统电视台形成了直接的竞争。另外，互联网技术和媒介融合还催生了小众化网络电视频道的出现，例如，2014 年 7 月 27 日开播的美国萨拉•佩林频道。在融合化的传播环境中，这些互联网频道的出现对于四大电视网等传统电视台构成了一定的威胁。

另外，在融合的环境中，电视节目集中度日趋明显，观众的选择范围随之扩大，花在选择节目上的时间也越来越长。2014 年美国的一项研究表明，

60% 以上的欧美付费电视观众需要花费十多分钟的时间查找节目内容。更为关键的是，因为频道数量太多，很多观众费时费力查找一遍之后，仍然没有发现自己喜欢的节目；在被调查者中，84% 的人因为找不到心仪的节目，最后只好关闭电视机。换言之，即使是三大电视网这样的传统主流电视台，它们也会被淹没在海量的节目之中。此外，融合环境中的观众也与传统观众有所不同，其内容消费和收视习惯都在发生变化，收视行为变成一种在个人终端上参与社交平台的多任务行为。另外，观众在收视终端、收视方式、互动方式等方面也都呈现新的特征。

基于以上这些因素，三大电视网开始意识到竞争的压力，并积极应用新的传媒技术在传播方式和业务模式上大力采取融合策略。

三、美国三大电视网的渠道融合策略

在传统的传播环境中，电视播出（或内容分发）需要将电视节目内容通过地面无线、有线电视系统、直播到户卫星平台、IPTV 等渠道，传输到机顶盒或直接在电视机上播出。互联网发展起来之后，电视节目传输渠道和播出渠道在一定程度上实现了融合，提高了传播的效率。对于三大电视网等传统电视台来说，渠道融合有三个主要好处：一是增加了节目播出自主性；二是扩大了传播范围；三是拓展了盈利空间。目前，三大电视网渠道融合策略主要有两种模式：OTT 业务模式和视频网站订阅收视模式。

（一）OTT 业务模式

2013 年 6 月，全国广播公司环球公司（NBC Universal）在英国和爱尔兰重新推出了名为“图盒电影”的 OTT 业务。图盒电影业务最早是在 2006 年进入英国市场的，当时采用的还是数字电视视频点播业务模式，而不是 OTT 业务模式。“图盒电影”OTT 业务为全国广播公司环球公司提供了新的业务增长点，有效开发了其丰富的影片资源。为了提升市场竞争力，“图盒电影”OTT 业务价格比奈飞公司、爱影的同类服务低 1 欧元。不过，“图盒电影”OTT 业务的节目内容不如奈飞公司和爱影的节目内容丰富和多元，每周仅提供 30 部电影，而且都是来自全国广播公司环球公司。另外，这些电影也不是全国广播公司环球公司的当前卖座影片，主要是一些经典旧电影、市场表现一般的新电影和低成本电影。另外，2014 年，哥伦比亚广播公司旗下的互动公司推出了哥伦比亚网络电视新闻频道（CBSN）。该频道是一个直播的互联网新闻频道，面向多平台、多终端播出。开播之初，该频道每天播出 15 小时，包括原创国际新闻报道、突发新闻直播报道以及哥伦比亚广播公司的新闻节目等。另外，该频道还提供回放和点播业务。除此之外，美国哥伦比亚广播公司还在2014年10月推出了名为“CBS All Access”的OTT业务，节目内容包括哥伦比亚广播公司所有电视网以及附属地方电视台的节目，订户可以通过多种播出平台、在多种终端上以点播或直播方式收看这些节目，资费标准为每月5.99美元。在融合传播模式下，传统电视台具备了“直营直销”的条件，这种传播模式必将改变传统电视的产业生态和竞争格局。

（二）视频网站订阅收视模式

2014年12月，全国广播公司推出了流媒体直播业务，观众通过账号登录网站后可以收看全国广播公司的直播频道和已播出节目的视频。2014年12月，全国广播公司环球公司同步开展“电视无处不在”业务的推介活动，推介口号是“没有电视看电视”，口号本身就颇具深意。这项业务不是免费业务，而是向已有用户提供的授权登录收看业务。该业务最初面向全国广播公司自有台所在的10个地区。2015年初，该公司将播出平台延展到了移动终端平台。全国广播公司除了在自有网站开展网络电视业务外，还计划通过加盟台的网站开展业务。值得一提的是，全国广播公司早在1995年就建立了自己的网站，是最早建立网站的美国广电媒体集团。除了自建自营视频网站，三大电视网还与新型视频网站合作，拓展内容分发渠道。2014年初，哥伦比亚广播公司和互录签署协议，向互录开放节目库。这样，互录订户可以观看哥伦比亚广播公司超过5300部的电视剧，如热播剧《卧底老板》《塔拉美国》《人人都爱雷蒙德》和《鬼语者》等，以及一些经典的电视剧，如《出租车》《拉文和雪莉》和《梅尔罗斯广场》等。

四、美国三大电视网的终端融合策略

电视机是传统的电视节目播出终端，直到今天依然居于主要地位。随着移动互联网的发展和移动智能终端的普及，手机、平板电脑、手持游戏机等都成为日益重要的视频节目收视终端。对于美国三大电视网等传统电视台来说，终端融合策略主要有两种模式：APP模式和TVE模式。

（一）APP模式

“APP”翻译成中文是“应用程序”，它是目前电视领域的一个热点概念。根据某研究公司2014年公布的数据，美国55%的智能手机用户和61%的平板电脑用户每个月至少会使用一次与电视节目相关的应用程序。另外根据专业研究机构的预测，到2020年全球基于应用程序的收视将占整个收视时间的一半。这意味着，观众的收视习惯出现巨大改变，近半数的观众不再通过电视机这个传统终端收看传统付费电视节目或免费电视节目，基于宽带和无线网络的移动智能终端将凭借应用程序赢得越来越多的观众。观众的收视模式将从目前的线性电视模式向应用程序电视模式转移。2013 年 5 月，美国广播公司推出了名为“收看美国广播公司”的应用程序。通过该应用程序，观众可以在智能手机、平板电脑和联网电视机等终端上收看美国广播公司以及附属台的直播节目，并可以进行视频点播。另外，该应用程序还具有“社交透镜”和“多镜头”两个功能，通过“社交透镜”功能用户可以在应用程序中嵌入个人社交网络账号，参与互动更加方便。通过“多镜头”功能，观众则可以在观看体育赛事等直播节目时选择机位。除了美国广播公司，哥伦比亚广播公司也推出了应用程序，并不断强化该应用程序的功能。目前，哥伦比亚广播公司的应用程序具备五大功能：一是播放哥伦比亚广播公司黄金时段、白天时段和深夜时段电视节目的完整版；二是提供更为完善的节目回放功能，白天和深夜时段节目实现 24 小时回放，黄金时段节目实现 7 天以内回放；三是提供所有热播节目的第二屏功能，如 NCIS、CSI 等，并提供更多热播节目的片段；四是整合了社交媒体功能；五是强化了互动功能，为用户提供了一个与明星或选手直接互动的平台。

（二）TVE 模式

TVE 是英文“TV Everywhere”的缩写，翻译成中文是“电视无处不在”。“电视无处不在”是美国康卡斯特等有线电视运营商于 2009 年提出的一种新的业务模式。用户凭借用户名和密码，可以在室内外通过移动互联网在智能手机、平板电脑等多种终端上收看视频节目。2014 年第一季度，美国“电视无处不在”业务的内容消费量较 2013 年同期大幅增长了 246%，月均独立访问量也较 2013 年同期增长了 157%。随着传播技术的不断革新和网络电视竞争的加剧，美国主流电视播出机构也在积极应对挑战。全国广播公司环球公司近几年一直在大力发展“电视无处不在”业务，并处于行业前列。早在 2013 年，该公司 18 个有线电视频道和开路频道中的 15 个频道就已推出了“电视无处不在”业务，付费电视用户在获得授权后即可在移动智能终端上收看这些频道。根据维亚康姆集团 2014 年对 1300 名 13 ～ 49 岁观众和 600 名 2 ～ 12 岁观众的调查，93% 的受访者认为“电视无处不在”业务有助于增加观众的忠诚度，68% 的人认为“电视无处不在”业务能增加他们对提供该项功能的频道的好感。可以说，“电视无处不在”拓展了传统电视频道的发展空间，电视节目的播出终端得以从传统电视机延展到智能手机、平板电脑等移动智能终端。“电视无处不在”是电视业的一种聚合战略，被用来开发传统电视频道的市场潜力，提升其在整个电视业领域的竞争地位。

五、启示

作为节目内容的提供方，传统电视台曾长期居于电视业链条中的主导位置，但这种地位正在受到威胁；随着媒介环境的变革，传统电视台的线性传播模式将一去不复返，原来的生产模式和运营理念也亟须革新。例如，在传统电视时代，电视节目基本上只有一个播出窗口，也就是在电视台播出。但是在融合时代，电视节目在电视台播出之后，随即进入了第二个播出窗口，也可以称为网站分发阶段，即电视节目在互联网网站等平台上继续播出。当前，媒介环境已经发生了急剧变化，其最大的特征就是融合，电视业链条上的渠道、终端等都处在深度融合的进程中。美国三大电视网融合的历程反映了在新媒介环境中传统电视的观念发生了转变，其融合之道为我们提供了有益借鉴。

目前，中国电视业在产业、技术及政策的共同推动下，融合发展已成为必然，甚至有学者断言：如果传统电视不走媒体融合之路，被新兴媒体取代恐怕就不是能不能的问题，而是时间早晚的问题了。着眼融合，传统电视台需要积极拓展节目传播渠道，增加节目内容盈利平台，深度开发内容市场价值。2014 年 5 月，湖南卫视不再对互联网分销那些拥有完整版权的自制节目，而是由旗下的“芒果电视”负责打造自己的互联网电视平台。这是中国传统电视在融合策略方面的有益探索，必将对中国传统电视台的经营模式以及整合电视市场模式和业态环境产生积极影响。传统电视台要积极推动融合环境中的理念革新和流程再造，围绕节目资源这个核心，打造融合化的内容分发平台和播出终端体系。

参考文献

[1] 柯兰，芬顿，弗里德曼．互联网的误读 [M]．何道宽，译．北京：中国人民大学出版社，2014.

[2] 约翰•亨德里克斯．探索好奇：探索传播公司和我的故事 [M]．北京：中信出版社，2014.

[3] 张晓梅．新媒体与新媒体产业 [M]．北京：中国电影出版社，2014.

[4] 杨娟．中国媒介生产融合研究 [M]．北京：中国广播电视出版社，2014.

[5] 郭全中．传媒大转型 [M]．广州：中山大学出版社，2014.

[6] 匡文波．新媒体理论与技术 [M]．北京：中国人民大学出版社，2014.

[7] 胡正荣，唐晓芬，李继东．新媒体前沿（2013）[M]．北京：社会科学文献出版社，2013.

[8] 国家新闻出版广电总局发展研究中心．中国视听新媒体发展报告 [M]．北京：社会科学文献出版社，2013.

[9] 崔保国．中国传媒产业发展报告（2018）[M]．北京：社会科学文献出版社，2018.

[10] 陈勤，雷芳，杨照光．全媒体创意策划攻略 [M]．北京：中央编译出版社，2011.

[11] 胡卫夕，宋逸．微博营销：把企业搬到微博上 [M]．北京：机械工业出版社，2011.